도시견문록

제종길의 **도시 학습 노트**

도시견문록
제종길의 도시 학습 노트

—

펴낸날 | 2014년 2월 17일 초판 1쇄
글 · 사진 | 제종길

펴 낸 이 | 조영권
만 든 이 | 김원국, 노인향 · 박수미
꾸 민 이 | 강대현

—

펴 낸 곳 | 자연과생태
주소 _ 서울 마포구 구수동 68-8 진영빌딩 2층
전화 _ (02)701-7345-6 팩스 _ (02)701-7347
홈페이지 _ www.econature.co.kr
등록 _ 제313-2007-217호

ISBN: 978-89-97429-37-0 03330

—

ⓒ 제종길 2014

도시 견문록

제종길의 **도시 학습 노트**

글·사진 제종길

자연과생태

이제는 도시의 시대

　세계 인구의 50% 이상이 도시에 거주하며, 우리나라는 도시에 거주하는 인구 비율이 90%가 넘는다. 우리나라에서 도시 인구 비율을 조사하기 시작한 1960년에는 비율이 39.1퍼센트였으나 2012년 말에는 약 91.1퍼센트로 늘어났다. 52년 동안 52퍼센트 즉, 매년 1퍼센트씩 급격히 증가한 셈이다. 그러니 도시의 지속가능한 발전과 안녕이 곧 나라의 발전과 안녕이고, 도시로 지구의 지속가능성을 평가한다고 해도 과언이 아닌 시대가 되었다.

　이러한 시점에 나는 국회의원이 되었고, 도시의 삶에 주목해야 할 책무가 주어졌다. 도시는 매우 힘들고 벅찬 과제였다. 도시 운영에 있어 고려해야 할 상황이 너무나 많았고, 정책 결정 과정은 느렸으며, 시민들은 도시 행정과 멀리 떨어져 있었다. 도시에 관한 책을 무작정 사 모아 살폈으나 그 속에는 무수한 논리만 제시되어 있을 뿐 필요한 해답은 없었다. 생태학자, 그것도 해양생태학자인 내게 도시는 그저 자연의 반대 개념으로만 보였다.

　그러다가 도시의 정치적 과제를 부여받은 신분으로부터 멀어지면서-국회의원 임기가 끝나면서-도시와 자연과의 관계를 풀어보고자 했고, 그런 연유에서 '도시와자연연구소'를 만들었다. 그런데 '도시와 자연의 조화로운 공존'이라는 연구소 설립 목표를 자주 잊은 채 많은 나라, 지방의 도시와 마을들을 여행했다. 주로 생태관광과 생태계 관리라는 주제에 대한 강연과 회의 참석 차 다녔으나 역마살 체질이 아니었다면 힘들었을 여정이 많았다. 특이하게도 돌아다녀야 할 일과 사업이 끊임 없이 생겼고, 그 어떠한 일이던 받아들여 수많은 곳을 여행할 수 있었다.

시간이 지나자 도시와 마을의 특성이 눈에 들어왔고, 때마침 창립한 〈안산 미래신문〉에서 '제종길의 좌충우돌 여행기'라는 코너를 만들어주어 도시에 대한 주관적인 시선을 연재하게 되었다. 이 글은 여행기나 감상문이 아니며, 여행안내서와는 더욱 거리가 멀다. 국내외 여러 도시나 마을의 특성을 기록했으며, 자연관리, 문화, 산업, 사회, 복지, 관광 등을 다루었다.

방문했던 도시에서 학습한 내용을 들춰내어 정리하고 연재할 때, 다시 한 번 그곳을 여행하는 느낌이었고, 연재했던 내용을 다시 모아 다듬으며 책으로 엮는 이번 과정은 같은 도시를 세 번째 바라보는 일이었다. 내용을 검토하고 사진을 선별하면서 『중용』에 나오는 글을 내내 마음에 새겼다.

"널리 배우고, 자세히 묻고, 깊이 생각하고, 분명히 깨치고, 착실히 행하라."

앞으로 도시의 정책을 다룰 기회가 온다면 여러 도시에서 학습한 내용들을 신중히 생각하고 깨쳐서 바르게 적용할 생각이다.

끝으로 정돈되지 않았던 도시 학습 노트를 연재하게 해준 전 〈안산 미래신문〉의 한석 사장과 거친 원고를 정리해 책으로 만들어 준 도서출판 〈자연과생태〉의 조영권 대표 및 직원 여러분께 감사한다.

2014년 2월 제종길

새로운 시대적 화두를 제시한 책

"여러 단상(斷想)의 지류들이 모여 이루어진 도도한 강줄기와도 같이 거스를 수 없는 도시와 환경의 순리(順理)를 일깨워주고 있다."

생태학자 제종길 박사의 『도시견문록』을 한마디로 평(評)한다면 나는 그렇게 말하고 싶다.

이 책은 전국과 세계 곳곳의 도시들을 답사하면서 관찰한 내용의 연작(連作)이다. 그동안 바다와 숲의 야생(野生)을 누비고 다니던 그가 도시라는 새로운 장르를 넘나들며 내민 야심찬 도전장이다. 그렇기에 도시 속 구석구석에서 생태와 환경의 가치를 발견하고 해석해 내는 저력이 놀랍도록 눈부시다.

많은 사람들이 여러 도시를 방문하거나 여행하지만, 누구라도 도시마다 가물거리는 기억의 빈 공간을 채우기란 쉽지 않다. 그나마 해 볼 수 있는 것이 피상적으로 보고 느낀 경험들의 편린(片鱗)을 갖고 도시를 모자이크식으로 짜 맞추어 보는 일이다. 특히 한눈에 직관할 수도 있는 자연생태계와는 달리 도시생태계는 복잡계 그 자체여서 낱낱이 해부해 보아도 정체를 알기 어렵다. 그에 비하면 구석구석 현장을 누비며 눈에 띄는 거리 하나, 가게 하나를 놓치지 않는 글쓴이의 집중력과 꼼꼼한 관찰력이 돋보인다.

그렇다고 글쓴이는 현장에서 관찰한 모습을 단지 있는 그대로 전달하지는 않는다. 겉으로 보이는 도시의 모습뿐 아니라 그것을 움직이는 데 소요되는 에너지, 그 속에서 소멸되거나 되살아나는 생태환경과 장소성 등 그 의미를 파악하고 해석하는 데 주안점을 두었다. 이 점이 글쓴이의 관찰력뿐만 아니라 통찰력이 돋보이는 대목이며, 이 책이 르포와 다른 이유다.

객관적으로 관찰한 현상의 내재적 의미를 해석해 내는 통찰력은 여러 배경적 지식과 결합될 때 가능하다. 이러한 점에서 특히 주목할 만한 것이 지역에 얽힌 옛이야기 등을 통해 우려내는 인문학적 통찰력이다. 이는 글쓴이와 같은 자연과학 분야 연구자에게서 쉽게 기대하기 어려운 덕목으로, 바로 이 점이 오늘날 회자되는 융·복합의 진정한 가치이며 도시와 환경을 연계 통합할 수 있는 글쓴이만의 매력이기도 하다.

더욱 눈여겨보아야 할 것은 도시와 환경을 넘나드는 이야기들이 한 개인의 소박하고 낭만적인 수필담론으로 그치지 않는다는 점이다. 글쓴이가 궁극적으로 주장하는 바는 도시와 지역의 경쟁력이다. 곧 환경적으로 지속가능한 도시개발, 생태환경자원을 활용한 도시재생 등을 통해 각 도시와 지역이 고유한 경쟁력을 확보해야 한다는 메시지를 담고 있다. 각 지방자치단체에서 귀담아 들어야 할 내용이다.

결론적으로 이 책은 도시와 환경의 공생(共生)이라는 새로운 시대적 화두를 제시한다. 물론 그 바탕을 이루는 것은 도시와 환경에 대한 글쓴이의 열정과 사랑이다. 그러한 점에서 이 책을 도시와 환경을 사랑하는 모든 이들에게 추천한다.

서울대학교 환경대학원 원장 **최막중**

차례

국내

도시
견문록

도시

학습

노트

토케이
서핑 메카의
현명한 선택

호주 빅토리아 주의 토케이Torquay는 서핑 수도surfing capital라 불린다. 주민이 7천 명도 안되는 작은 도시라 이름이 낯설 수도 있겠지만, 서핑을 즐기는 사람들 사이에서는 유명한 곳이다. 늘 서핑을 즐길만한 파도가 이는 이곳을 '서핑 파라다이스'라고 부르는 이들도 있다.

짐작했겠지만, 늘 서핑할 수 있을 정도로 바람이 분다면 생활하기에는 거친 환경이다. 해안 근처에서 선박이 좌초한 기록이 많은 것만 봐도 알 수 있다. 게다가 바닷물도 차고, 밀물과 썰물의 차이도 제법 크며, 물도 맑지 않다. 가끔 백상어도 나타나니 관광지로도 좋지 않은 여건이다.

140여 년 전 이곳의 작은 하천인 스프링 크릭Spring creek 주변에 사람들이 정착하기 시작했다. 짐작하건데 첫 이주민들은 도시에서 가난하게 살던 사람들이었을 것이다.

빅토리아 주 지롱(Geelong) 지역의 토케이 해안

이후 서핑을 즐기기 좋은 곳으로 조금씩 알려지며, 마을이 형성되고 서핑 클럽도 생겼다. 주민들은 자연스럽게 서핑 관광객에 의존하게 되었다.

매년 부활절 기간에는 세계 서핑선수권대회가 열리며, 전 세계에서 서퍼들이 모인다. 이때는 구경꾼들과 취재진들로 작은 마을이 북적거린다. 마을에는 서핑 관련 상점도 많고 세계 서핑 박물관도 있다.

또 토케이에는 세계적으로 유명한 캐주얼 의류 브랜드인 퀵 실버Quicksilver와 서핑 전문 의류 회사 립 컬Rip Curl의 본사가 있다. 두 회사는 이곳에서 시작된 회사로, 일 년에 한 두 차례 정가의 10퍼센트 정도로 재고 의류를 파는 엄청난 폭의 할인행사를 한다. 이 행사는 수많은 사람들을 토케이로 불러 모으고 마을에서 돈을 쓰게 만든다. 주민들은 옷을 싸게 구매할 수 있고, 관광객도 끌어들이는 두 회사에 고마워한다.

한편, 토케이는 해안절경이 뛰어나 세계에서 가장 유명한 해안 관광지 중에 하나로 인정받는 그레이트 오션 로드the Great Ocean Road 초입에 위치한다. 장장 243킬로미터에 달하는 해안을 트래킹하기에 앞서 한숨을 돌리는 쉼터다. 또 토케이는 멜버른에서 약 100킬로미터, 지롱에서 약 15킬로미터 떨어진 곳이라 도시에서 은퇴자들이

---

1 해안 관광지 **2** 사구를 통해 바다로 나가려면 반드시 정해진 통로를 거쳐야 한다.

전원생활을 하러 오는 곳이기도 하다.

이처럼 유명세를 탄 마을이지만 신기하게도 시끌벅적하거나 어수선하지 않다. 거리도 깨끗해 지나는 사람들 누구나 "참 예쁜 마을이네"라며 한마디씩 할 정도로 단정하고 아름답다. 이미 1990년대에 이 마을의 땅값이 웬만한 도시의 땅보다 비싸졌다. 유명세만큼이나 개발 유혹이 없었을 리 없다. 그런데도 주민들은 마을을 확대하지 않았고 해안을 훼손하는 일도 결코 없었다. 해안도로를 기준으로 바닷가 쪽에는 집 한 채 없을 뿐 아니라 공원 같은 완충지대를 만들었다. 육지 쪽으로 있는 집들도 도로로부터 일정한 거리를 두도록 했다. 사람들은 마을의 핵심 자산이 무엇인지 정확하게 알았던 것이다.

1 해안에 새로 조성되는 신흥 주택지 **2** 토케이의 중심가

퀸즈클리프
옛 명성 되찾은
해안관광마을

퀸즈클리프Queencliff는 호주 빅토리아주의 주도인 멜버른에서 자동차로 한 시간 정도 달리면 나온다. 포트필립 만Port Phillip Bay 입구 서쪽에 있으며, 인구 1천500여 명인 작은 바닷가 마을이다.

포트필립 만은 입구는 좁고 안쪽은 풍선처럼 둥그렇게 넓은 모양으로, 만의 가장 안쪽 한가운데에 바로 멜버른이 있다. 이곳에서 퀸즈클리프까지는 약 100킬로미터 거리이니 만의 크기가 짐작된다. 퀸즈클리프 마을 뒤편에는 수심이 낮은 석호가 있으며, 해마다 봄이 되면 흑고니black swan가 찾아오는 철새도래지여서 이 주변을 스완 베이Swan Bay라고 부른다.

마을 주도로인 헤세 스트리트로 들어서면, 마치 19세기로 돌아간 것 같은 느낌이 든다. 길 양쪽으로 오래되었지만 품위 있는 저층 건물들이 늘어서 있고, 간판, 화단, 건물 입구에 놓은 화분 하나까지 옛 건물들과 조화롭게 어울리도록 꾸민 정성이 엿보인다.

1 퀸즈클리프의 해양환경교육센터(Marine discovery centre) 2 스완베이 전경

1

2

거리는 북적이는 관광객들로 인해 발 디딜 틈이 없다. 그렇다고 이들이 고풍스런 거리를 구경하러 온 것은 아니다. 이들은 해수욕, 낚시, 카약, 스쿠버다이빙 등 바다를 즐기려고 이 마을을 찾은 것이다.

1850년대 본격적으로 주민들이 정착하기 시작해 어업을 시작한 마을은 이내 만 해상 교통의 중심이 되어 관광지로 부각되었다. 마을 이름도 빅토리아 영국 여왕을 기려 퀸즈클리프로 개명했으며, 등대와 군사용 포대까지 생겼다. 1880년대에는 큰 호텔들과 찻집들이 하나 둘 생겨났고 철도까지 놓이며 교통이 편해지자 도시 사람들이 몰려들어 해안관광지로 전성기를 구가했다. 그러나 자가용 차가 대중화되자 사람들에게는 더 이상 편리한 대중교통이 관광지 선택의 기준이 되지 않았다. 사람들은 더 멀리 여행을 떠났으며, 퀸즈클리프도 그 피해를 입었다. 관광지로써의 명성을 차츰 잃다가 1976년에는 철도 운행마저 중단되었다.

1980년대 초반, 주민들은 다시 마을의 명성을 되찾기로 했다. 도시의 특성을 살려 단장하고, 바닷가의 이점을 활용해 사람들을 다시 불러 모으기로 했다. 개발이 한창인 시기였지만 마을은 빅토리아풍의 옛 건물들을 유지하기로 했다. 다른 도시와의 차별성이 바로 그 건물들이었기 때문이다. 매년 해물요리축제를 열고 지역 어

헤세 스트리트의 호텔과 식당 건물

민들이 무상으로 내어놓은 싱싱한 수산물로 요리법을 선보이자, 인근 도시 주민들에게 크게 인기를 얻었다. 여름이 시작되는 11월에는 '퀸즈클리프 뮤직 페스티벌'을 개최했다. 수준 높은 음악으로 구성해 진행하다보니 이제는 국제적인 행사로 자리잡아가고 있다.

해양 레저와 생태관광에도 정성을 기울였다. 역사박물관, 해사박물관선박박물관, 포대박물관을 만들고, 해양·육수연구소와 해양탐사센터를 만들어 매년 수천 명에 이르는 방문객과 학생들에게 해양과 호수 생태계의 중요성을 교육하고, 생태관광 프로그램도 진행했다.

쇠락의 길을 걷던 마을에는 다시 활기가 넘쳤고, 관광객을 실어나르기 위해 기차 운행도 재개되었다.

1 거리에는 중고서점도 있다. **2** 자기 동네 지도를 보여주는 퀸즈클리프 초등학생

바르셀로나
도시를 먹여 살리는
가우디의 유산

바르셀로나에는 다른 도시들이 부러워할 만한 것이 많다. 지상 최고의 축구팀 FC 바르셀로나가 있고, 세계를 호령했던 해양시대의 콜럼버스가 자긍심을 갖게 하며, 피카소, 미로, 파울로 카잘스 등 세계적 예술가들을 배출한 예술의 도시이기도 하다.

어떤 이들은 FC 바르셀로나의 축구 전사들이 펼치는 환상적인 게임을 보는 것만으로도, 어떤 이들은 항구 포트 벨 앞 로터리의 오른손으로 바다를 가리키며 서 있는 콜럼버스 동상을 보는 것만으로, 그리고 어떤 이들은 많은 예술가들이 활동하던 카탈루냐 거리를 걷는 것만으로도 바로셀로나 여행에 만족할 것이다.

그렇다고 바르셀로나를 콜럼버스, 피카소, 카잘스의 도시라고 하기에는 뭔가 어색하다. 위대한 건축가 안토니오 가우디Antoni Gaudi의 존재감이 너무 크기 때문이다. 한 사람이 한 도시를 먹여 살린다고 하면 누가 이를 믿겠는가? 그러나 사실이다. 가우디의 작품

거리 벤치도 가우디 풍이다.

을 보려고 연간 수백만 명이 바르셀로나를 방문한다. 도시 자체가
한 위대한 예술가의 손에 의해 디자인되었다고 이야기할 정도다.

자연주의 건축가인 가우디는 자연이나 생물에게서 작품의 모티
브를 찾고 독특한 색채와 형태를 만들어 냈다. 가우디가 창조해낸
건물, 형태, 색상이 도시의 상징이 되었고, 다른 건축디자인의 원천
이 되고 있으니, 도시를 먹여 살린다고 할 만하다.

1 가우디의 작품이 많은 바르셀로나 중심 거리 2 연립주택 카사 밀라 3 카사 바뜨요 입장을 기다리는 관광객들 4 카사 바뜨요의 첨탑

카사 바뜨요Casa Battlo는 가우디가 살았던 곳으로 바르셀로나에서 입장료가 제일 비싼 관광지다. 작고 좁은 7층 건물이지만 화려한 색채에 울룩불룩한 외양이 주변 다른 건물들과 확연히 구별된다. 가우디는 이전에 누구도 시도하지 않았던 새로운 세계를 건물로 창조했다. 그런 가우디 건축의 교과서라고 할 수 있는 카사 바뜨요Casa Battlo는 어린아이들의 상상력을 다양한 원색과 빛을 절묘하게 활용해 현실의 구조물로 탄생시킨 작품이다. 둥글둥글한 외양은 물을 형상화 한 것이다. 이 건물을 보면서 누구나 어린 시절 꿈꾸었던 동화의 세계를 떠올린다면 특별한 해설을 듣지 않더라도 가우디의 예술 세계를 이해하게 된다.

카사 바뜨요Casa Battlo 건너편 연립주택 카사 밀라 외에도 구엘 공원, 산 파우 병원, 사그라다 파밀리아Sagrada Familia 등 그가 만들어 낸 작품들은 바르셀로나를 대표할 만큼 다양하고 독특하다. 대부분 100년이 넘은 작품들이라는 것도 놀랍지만 사실이다. 그 중에서 사그라다 파밀리아는 세계적으로 가장 지명도가 높은 대성당이며 세계문화유산으로도 지정되었다. 1882년에 시작된 대건축물은 1883년부터 1926년 그가 죽을 때까지 가우디가 건축 책임을 맡았고, 지금도 다른 건축가들에 의해 계속 완성되어가고 있다. 가우디 사후 100년이 되는 2026년에 완공할 예정이라니 장장 144년간 지어지는 셈이다.

100년 넘게 건축되고 있는 사그라다 파밀리아

암스테르담
인구보다
자전거가 많은 도시

세계적인 여행서 『론리 플래닛Lonely Planet』 네덜란드 편에는 자전거 타기에 대해서만 여섯 쪽에 걸쳐 소개하고 있다. 내용을 보면 전국에 자전거가 1천600만 대 있는데, 네덜란드 인구가 1천600만 명에 못 미치니 자전거가 인구보다 더 많은 셈이다. 사람들이 저마다 자전거를 한 대 이상 소유하고, 암스테르담에만 50만대가 있단다. 수상이나 시장 등 고위 공직자들 중에서도 자전거로 출퇴근하는 이가 많은데 이런 일들은 뉴스거리도 아닐 만큼 흔한 일이다.

네덜란드 모든 교통 거점에서 '렌트 어 바이크Rent A Bike'라는 간판을 쉽게 발견할 수 있다. 전국에 자전거 대여점이 4만 곳이 넘고, 관광지의 대형 자전거 대여점의 경우, 확보하고 있는 자전거의 수가 무려 1천 대가 넘는다.

암스테르담 중앙역 광장에는 4층이나 되는 거대한 자전거 주차 건물이 있다. 주차해 놓은 자전거가 줄잡아 2천 대는 넘어 보였다.

암스테르담역 자전거 주차건물의 자전거들

시민은 물론 여행객들도 자전거를 타니, 늘 붐비는 네덜란드 역에서는 흔히 볼 수 있는 현상이다. 자동차 주차장은 아예 눈에 띄지도 않는다.

전국 어디에서나 거의 모든 차선과 평행하게 자전거 선이 따로 나 있고, 자전거 신호등도 있다. 특히 출근 때는 자전거 선에 자전거가 가득해 교통체증이 일어날 정도다. 그래서 건널목에서나 교차로에서는 팔을 어깨 높이로 들어 자신의 진행방향을 표시해 교통사고를 방지한다. 그리고 차와 자전거 중에 자전거를 먼저 배려해주는 광경을 곳곳에서 볼 수 있다. 이처럼 네덜란드에서는 자전거가 자동차만큼 중요하게 취급된다.

이곳 사람들 패션이 자전거에 초점을 두고 있다는 것 또한 이색적이다. 젊은이들 대부분 청바지나 두꺼운 바지에 후드가 달린 짧은 윗옷 차림으로 자전거를 탄다. 비가 많이 오고 일기 변화가 심한 곳이라 방풍이나 방수가 되는 옷을 선호하기도 한다.

쓰임새에 따른 자전거의 종류도 천차만별이다. 푹신한 방석으로 안장을 꾸민 자전거, 어린이용 좌석이 따로 달린 자전거, 자전거에 붙은 유모용 인력거, 하물 운반용 자전거, 누워서 타는 자전거 등 다양하다. 일반 자전거도 뒷부분에 걸치는 가지각색의 주머니 가방이 있는데 보통 서류나 쇼핑한 물건, 배달할 신문을 담는다. 이처럼 네

1 시내에서 자전거를 타는 사람들 2 자전거의 기능도 다양하다.

덜란드에는 자전거 문화가 별도로 존재한다.

　네덜란드는 본디 경치가 아주 좋은 곳이 아니었다. 유럽에서도 사람 살기에 가장 거친 환경이었다. 해안습지 주변 삶은 척박했고, 드센 파도와 해일은 반드시 극복해야 할 생존의 문제였다. 해일로 수만 명씩 죽는 사고가 거듭되자 방조제를 쌓는 간척사업을 오랜 세월 동안 진행해 오늘날 네덜란드가 완성되었다. 그러다 보니 네덜란드는 자전거 타기에 최고인 평평한 국토가 된 것이다. 전화위복이라고 할까. 이제는 자전거가 최고 관광 상품이 되어 네덜란드 관광산업에 큰 비중을 차지하고 지구 환경 보전에도 기여하니 일거양득인 셈이다.

도로에는 자전거도로가 따로 있다.

레우바르던
전통 문화와
언어를 지키는 사람들

레우바르던은 네덜란드 북부 프리슬란트Friesland의 중심 도시로, 9만5천여 명이 살고 있다. 프리슬란트Friesland는 땅보다 바다가 높았던 혹독한 자연환경을 극복하기 위해 치열하게 바다와 싸워온 지역으로 그곳에 사는 사람들을 프리시아 사람이라고 부른다.

덴마크 남부, 독일, 네덜란드 서해안에 인접한 해안선에 열 지어 있는 크고 작은 모래섬과 육지 사이의 얕은 바다를 와덴 해Wadden Sea라고 하는데 프리시아 사람들은 와덴 해 일대 해안에 살며 속한 나라와 관계없이 공통의 문화를 가지고 있었다. 한 때는 왕국으로 짧게나마 해안 국가를 건설한 적도 있으나 기간은 매우 짧았고, 지금은 일부 섬에서 프리시아 언어를 사용하지만 대개는 소멸되었다. 이런 추세에도 체계적으로 문화와 전통, 언어까지 지켜가는 사람들이 살아가는 도시가 레우바르던이다. 그래서 비록 태어난 곳은 아니더라도 프리시아 사람들에게는 마음속 고향 같은 곳이다.

1 도시를 관통하는 수로 **2** 겨울에도 자전거를 타는 이들이 많다.

1

2

이곳 사람들은 거친 바다를 상대로 생존을 위해 땅을 확장하며 살아왔고 바이킹을 비롯한 외세와도 굳건하게 맞섰다. 그래서인지 네덜란드에서도 북쪽 변방이지만 자부심만큼은 세상에서 최고다.

레우바르던은 끊임없는 간척으로 인해 해안으로부터 20킬로미터 이상 떨어진 내륙 깊숙이 자리 잡았다. 그러나 시내 중심으로 여전히 큰 수로들이 지나가는 걸 보면 예전에는 해안 도시이자, 잘 나가던 무역항이었다는 사실을 짐작할 수 있다. 지금은 담수로 채워져 겨울이면 꽁꽁 얼어붙지만, 지역 곳곳으로 연결된 언 수로와 눈 덮인 은빛 도시는 마치 얼음왕국을 연상케 할 만큼 잘 어울린다.

겨울에도 얼음수로는 프리시아 사람들의 필수적인 이동통로였다. 그러니 누구나 썰매나 스케이트를 타는 것이 생활의 일부였다. 겨울이면 수로에서 펼쳐지는 11개 프리슬란트 지방의 200킬로미터 스케이트 경주는 국제적으로도 꽤 유명하다. 그러니 네덜란드가 스피드 스케이트 강국이 된 것은 우연이 아니다. 프리시아 사람들은 네덜란드왕국이 이 지방을 정복하러 왔을 때, 수로를 이용한 방어와 공격으로 침범을 격퇴한 전설을 이야기하곤 한다.

레우바르던에는 16세기에 건립된 피사의 사탑처럼 기울어진 올데호베탑, 18세기에 건립된 시청사, 여러 박물관 등 건축미를 자랑하는 각종 건물이 많다. 훌륭한 건축물을 소중히 보존하면서, 현대

1 레우바르던의 사탑인 올데호베탑 2 도심의 전통 건축물

39

건물에도 레우바르던 나름의 양식을 유지하고 있다. 그래서인지 네덜란드에서 가장 예쁘고 단정한 도시로 알려졌다. 도시를 상징하는 자전거, 집, 오렌지색은 네덜란드의 상징물이기도 하다.

문화관에는 이 도시가 배출한 훌륭한 문인들과 예술가들의 인물화를 전시하고 있다. 학교에서는 프리시아어를 가르친다. 자신들의 전통 언어가 영어의 모체라고 자랑하는 주민들도 있다. 시민이 10만도 채 되지 않는 작은 도시에 박물관이 즐비하고, 전통언어를 보전하는 프리시아 문화관을 보면 도시의 자긍심과 당당함이 느껴진다.

1 문화관에 전시된 레우바르던 출신 문인과 예술가들의 초상 **2** 일주일에 한 번 열리는 시장

애버딘
개발과 보전의 조화를 이룬 회색도시

애버딘은 인구 21만의 상업중심지로 애버딘 지역의 주도이며, 돈 강과 디 강 하구 사이에 형성된 바닷가 평지다. 이런 곳은 대개 선사시대부터 주거지가 형성된다. 8천 년 전 사람들이 살았던 유적이 발굴되었다니 짐작이 맞았다. 애버딘 지역의 너른 구릉지에는 나무가 별로 없고 화강암이 흔한 탓에 건물들이 대부분 회색빛이다.

유럽 다른 도시들보다 건물들이 수수한 것은 사람들의 취향이라기보다는 건축 자재의 한계로 보는 것이 더 타당하다. 어쩌면 도시 외관을 화려하게 장식할 만큼 재정적인 여유가 부족했을 수도 있다. 그래서인지 처음에는 칙칙했던 애버딘 시내가 볼수록 단순하면서 정갈하게 느껴져 이곳 사람들의 검소한 품성이 도시 외양에서 드러나는 게 아닐까 하는 생각이 들었다.

지방의회 건물 삼거리에 큰 동상이 있어 가까이 다가가 보니 윌

애버딘 거리 건물은 대부분 회색 화강암으로 지어졌다.

리엄 월레스였다. 윌리엄 월레스는 영화 〈브레이브 하트〉를 통해 우리에게 알려진 스코틀랜드 독립 영웅이다. 동상 주변 소공원 철제 담장에는 엉겅퀴 문양들이 가득했다. 엉겅퀴는 스코틀랜드의 국가대표 럭비 팀 가슴에 새겨지는 꽃이기도 하다.

스코틀랜드 국민들의 엉겅퀴 꽃 사랑과 자부심은 대단하다. 누구나 국가의 상징으로 인정해 다양한 디자인의 제품을 만들어서 생활 속에 자리를 잡았다. 그런데 이 특이한 꽃이 어떻게 500년 이상 국가의 상징이 되었는지 정확하게 아는 이가 없단다. 다만 바이킹의 침입이 잦았던 시기에 엉겅퀴 잎의 날카롭고 뾰족한 침들이 침입자의 출현을 알려주는 역할을 한 것에서 유래하지 않았을까 추정할 뿐이다.

척박한 환경에서 살아온 흔적들도 여전히 이 지방의 문화로 남아 있다. 양의 내장이나 염통을 함께 갈아서 만든 하기스haggis나 야채, 보리를 베이컨과 끓인 일종의 죽, 청키 스프chunky soup 등에서 우리의 내장탕이나 국밥이 떠올랐다. 못살던 시절 한 끼라도 더 늘리려고 만든 것이 전통음식이 된 것이다. 그리고 불과 40~50년 전만 하더라도 가을 감자 추수시기에는 감자방학potato vacation이 있어 학생들이 방학 동안 집안일과 추수를 돕도록 했다. 이제는 학생들이 추수를 더 이상 거들지는 않지만 감자방학은 그대로 남아 있다.

1 녹색관광을 인증하는 마크에도 엉겅퀴 문양이 있다. 2 잘 단장된 도시 주거지역 3 시계탑이 있는 시내 골목 상점가

애버딘 시내 중심을 조금만 벗어나면 온통 숲과 전원이다. 마을의 집들은 모두 나름대로 아름다운 정원을 꾸며 놓았다. 스코틀랜드에서는 매년 동네 예쁘게 꾸미기 경연대회를 여는데 대회에 참가하면서 집과 마을 가꾸는 연습을 꾸준히 했던 것이다. 애버딘 지역의 숲속에는 성이 많은데, 귀족들은 옛 장원을 자연보호와 사적 보존을 위한 민간단체 내셔널 트러스트National Trust에 맡겼다. 이제 성들은 스코틀랜드를 대표하는 관광지가 되었다.

최근에는 애버딘 앞 바다 북해에서 석유가 생산되어 새롭게 경제 부흥기를 맞고 있다. 지금은 세계 유명 석유회사들이 자리를 잡았고 초대형 다국적 기업들은 해양연구 자금도 잘 내어놓아 해양연구, 특히 심해연구가 활발하다. 아이러니가 아닐 수 없다. 석유사업 자본으로 심해저에 관한 연구업적이 늘어나고, 생물다양성 보전의 필요성 연구까지 한다. 아울러 심해탐사 장비도 개발해 이 분야에서는 첨단을 달린다. 그래서 '유럽의 석유수도' 또는 '에너지수도'로까지 불린다니 개발과 보전이 동전의 양면이 아닐 수 없다.

1 애버딘 남쪽에서 흐르는 디 강도 인위적인 손길이 닿았지만 지나치진 않았다. 2 애버딘 시 교외에는 숲이 울창한 곳이 많다.

리우 데 자네이루
다양한 얼굴,
다양한 도전

삼바와 카니발, 축구의 도시

　브라질 제2의 도시 리우 데 자네이루Rio de Janeiro는 '일월의 강'이라는 뜻으로 같은 이름인 리우 데 자네이루 주의 주도이자, 1763년부터 1960년까지 약 200년간 브라질의 수도였다. 인구는 630만이 조금 넘으며 같은 생활권에 속하는 주변 도시까지 합치면 1천만이 훨씬 넘는, 세계에서 26번째로 큰 대도시다.

　바다에는 별장용 개인 섬과 요트가 떠 있고 해변을 따라 값비싼 호텔과 고층 아파트가 즐비하다. 모든 면에서 상업도시 상파울루와 비교되지만 관광적인 측면에서는 단연 리우 데 자네이루가 앞선다. 2012년 세계문화유산으로 지정될 만큼 아름다운 대서양 해변과 우뚝 솟은 코르코바도 산, 삼바와 카니발의 고장이기 때문이다.

　과나바라 만 항구의 화려한 전경을 내려다 볼 수 있는 두 곳 중 하나는 1931년 브라질이 독립을 기념하기 위해 710미터 꼭대기에

리우 데 자네이루의 야경

높이 30미터, 너비 28미터, 자그마치 1천200톤에 가까운 예수 그리스도 상을 세운 코르코바도 언덕Mountain of Corcovado이다. 가파른 산비탈을 따라 열차를 타고 정상에 올라 과나바라 만을 내려다보면 왜 이 도시가 세계 최고 미항으로 꼽히는 지 알 수 있다.

다른 하나 역시 높이 396미터의 바위산으로 일명 '빵산'으로 불리는 팡 데 아수카르다. '팡'은 산이고 '아수카르'는 설탕이란 뜻으로 거대한 원뿔형 바위인 것이 코르코바도와 다른 점이다. 4~5백 년 전에 원뿔 모양 진흙 용기에 사탕수수를 끓여 농축시킨 제빵용 설탕 덩어리슈가로프와 닮았다고 해서 붙은 이름이다. 정상으로 가려면 중간에 다른 바위산에서 케이블카를 갈아타야한다. 갈아타는 곳에는 리우 데 자네이루를 상징하는 여인상이 있으며, 그 동상의 머리카락은 숲을, 가느다란 허리는 해변을, 가슴은 두 산을, 휘감은 치마는 파도를 상징한다. 두 거대한 바위산은 모두 리우 데 자네이루의 랜드 마크로 서로 멀리 마주보고 서 있다. 1킬로미터 정도 거리인 두 산을 오르는 케이블카는 1912년에 가설되었다.

매년 사순절 전인 2월 말부터 3월 초 사이의 4일 동안에 열리는 카니발 또한 리우 데 자네이루의 명물이다. 토요일 밤부터 수요일 새벽까지 밤낮없이 즐기는 카니발은 포르투갈 사람들의 사순절 축제에 아프리카에서 온 노예들의 타악기 연주와 춤이 합쳐진 것이

1 코르코바도 언덕에 세워진 예수그리스도상 2 케이블카 정거장에서 바라다보는 팡 데 아수카르

다. 그러다가 20세기 초, 지금과 같은 삼바 축제 형식이 갖추어졌고, 삼바Samba는 브라질의 전통춤이 되었다.

1920년대 중반, 삼바가 대중화되면서 삼바학교들이 설립되고, 학교별로 퍼레이드를 펼치는 거리축제였던 것이 지금과 같은 초대형 축제로 발전한 것이다. 삼바 퍼레이드에는 매일 밤 7팀씩 참가하며, 팀마다 삼바 춤을 추는 사람이 4~5천 명에 달한다. 상상을 초월하는 규모다. 축제 때면 외국인을 포함해 30만 명에 가까운 관광객들이 이 도시로 몰려온다.

한편, 축구를 빼 놓고 브라질을 말할 수 없다. 브라질 사람들은 먹고 마시는 것과 축구가 삶의 전부라고도 할 정도다. 프로 축구선수 출신들이 정치에도 진출한다. 호마리우나 베베토는 현역 정치인이고, 펠레도 장관을 역임했다. 그러니 세계에서 가장 큰 경기장이 이곳에 있는 것은 어쩌면 당연하다. 리우 데 자네이루의 마라카낭 축구경기장Maracana Soccer Stadium은 1950년 월드컵 주경기장으로 건립되었다. 지름이 944미터, 높이 32미터에 좌석 수가 15만5천 석이고, 입장 가능한 인원은 자그마치 20만 명이나 된다.

판자촌, 파벨라

2007년, 리우 데 자네이루의 빈민촌 콤플레소 도 알레망에서 마

코르코바도 언덕에서 내려다보는 해안 절경

약조직을 단속하는 경찰과 범죄 조직원들 사이에 총기가 동원된 충돌이 있었다. 이 과정에서 범죄자들은 물론이고 경찰과 무고한 시민들까지 희생되었다. 이후 범죄 조직은 경찰의 출입을 막기 위해 빈민촌의 출입구를 폐쇄했고, 이 때문에 한동안 20여 개 빈민촌에 사는 약 40만 시민들이 큰 불편을 겪었다.

브라질에서는 이런 빈민촌을 파벨라Favela라고 부른다. 파벨라는 판자촌이라는 뜻으로, 18세기 아프리카 출신 노예였던 사람들이 살던 도시 외곽을 지칭한다. 20세기에 들어와 도시들이 팽창하면서 심각한 집 부족 문제가 생겼다. 가난한 서민들이 도심에서 가장 가까우면서 빈 공간인 산자락에 자리를 잡은 것에서부터 빈민촌이 생겨났다. 1970년대에 농촌에서 도시로 대규모 이주가 일어나면서 파벨라 수도 빠르게 늘어났고 규모도 확대되었다. 파벨라는 브라질 어느 도시에나 있으며, 한 도시에 여러 곳이 있는 경우도 많다. 리우에는 파벨라가 800여 개 있고 도시 인구 700만 명 중 약 30퍼센트가 거주한다.

파벨라에 웅거하는 마약조직들은 막대한 자금력을 이용해 권총이나 수류탄뿐 아니라 기관총 같은 중화기도 보유한다. 이렇게 파벨라는 온갖 범죄와 폭력의 온상이자 범죄 조직원들의 배출지이기도 하다. 따라서 경찰들도 출입을 기피한다.

코파카바나 해변(Copacabana Beach)의 야경

리우 데 자네이루의 파벨라는 도심을 둘러싼 산언덕에 있다. 야간에 보면 거대한 빌딩 같아서 멋지기까지 한다. 하지만 가까이에서 보면 제대로 완성된 건물이 없고, 계속 벽돌로만 잇대어 얼기설기 지은 흔적이 역력하다. 처음에는 무허가지만 5년 이상 거주하면 본인 소유가 될 수 있다니 파벨라 주민들은 여유가 생기면 벽돌부터 사서 공간을 넓히거나 빈틈을 메워나간다. 건물은 금방 2층이 되고 나중에는 3, 4층의 다가구주택이 되는데 어려운 사람일수록 높은 층에 산다.

이런 곳은 국가 교육과 복지 혜택이 미치지 않고, 일자리가 없어 대개 가난이 대물림된다. 그러나 2002년 룰라 대통령이 취임하면서 파벨라에도 변화가 생겼다. 취임 첫 해에 빈민 350만 명에게 국가 예산을 직접 분배하는 정책을 시행한 것이다. 그리고 경찰 초소들을 파벨라에 세워 경찰을 상주하게 해 주민들의 자율 경제활동을

1 리우 파벨라(다른 신문에서 인용) 2 파벨라 지역 풍경 3 빈민들에게 일자리 교육을 시키는 곳
4 대부분 빈민들에게는 작은 자영업이 유일한 일거리다.

보장해주려는 정책도 병행했다. 2007년에 벌어진 경찰과 범죄 조직원 간의 충돌도 이 과정에서 생긴 일이었다.

여러 문제점에도 불구하고 독특한 이 빈민촌을 관광하고 싶어 하는 사람들이 늘고 있다. 단순히 못사는 사람들의 동네를 보려는 것이 아니라 사람들의 생생한 활기를 확인하고 그 속에서 훈훈한 정을 찾고자 하는, 일종의 문화관광객인 셈이다. 증가하는 관광객처럼, 브라질의 실험도 파벨라에서 계속되고 있다.

회색에서 녹색 기반시설로

2012년, 리우 데 자네이루는 소위 리우회담이라는, 세계 여러 나라 정상들과 정부 대표들이 모여 지구 환경문제를 제기하고 지속 가능한 발전을 주창한 1992년 유엔환경개발회의UNCED, 일명 Earth Summit 20주년 회의를 개최했다. 그동안 세계 각국은 환경문제를 해

결하려고 수많은 노력을 했지만 기후변화라는 벽에 부딪혀 어려움을 겪었고, 개최 도시로 주목받아온 리우 데 자네이루도 최근 새로운 변화를 모색하고 있었다. 이런 변화는 서민들에게 사회경제적인 역동성과 희망을 부여한 브라질 국가 정책을 기반으로 하는 것이지만 리우 데 자네이루만의 독자적인 것들도 적지 않았다.

리우 데 자네이루는 도시 사막화 현상을 막는 것을 환경문제 해결의 일차 목표로 두었다. 도시의 사막화는 무생물지대 또는 생물을 쫓아내는 지대를 말하며, 해당 도시뿐만 아니라 도시 밖으로도 악영향을 미친다. 시멘트로 된 회색기반 시설들은 오염을 빠르게 확산시키고, 시멘트의 불투수성은 홍수의 원인이 된다. 처음에는 이러한 시설이 생활을 편리하게 하는 듯하지만. 결과적으로는 삶의 질 향상과 생태계 기능 개선에 도움이 되지 않는다.

도시 사막화 현상의 적절한 대응은 숲을 확장하는 것이다. 숲 조성을 통한 체계적인 대비는 기후변화가 초래하는 현상들에 대응하는 능력을 기르면서 도시 생태계의 활력을 찾는 것이기도 하다. 나무는 거센 강우로 인한 침식과 토사 이동을 막고, 빗물이 토양으로 흡수되게 해, 토양의 압축을 돕는다. 당연히 나무는 일차생산자이자 다양한 생물 서식지가 되어 높은 생물다양성을 유지하게 되고, 나아가 열섬과 기후변화에 따른 악영향을 완화시킨다. 이것은 대체

1 리우+20 회의장 내 벽장식 2 브라질 에너지 광고판 앞에 선 글쓴이(오른쪽)와 유영록 김포시장(왼쪽)

불가능한 나무의 생태적 기능이다.

　도시 숲은 시내와 광장, 도로, 녹지대에 있는 나무들을 통합해 일컫는 개념이다. 나무는 자연의 일부이지만 도시에서 자연계가 하는 역할을 주도한다. 그러나 숲 조성 담당자들은 외래 수종이나, 녹색만을 추구한 잔디 공원 조성이 자생동물들을 서식하지 못하게 해 생태계 형성에 방해가 되며, 유지비용이 높고 쓰레기 문제 등을 양산한다는 것을 알아차렸다. 따라서 도시가 되기 이전부터 살았던 수종들을 조사해 심는 것이 중요했다.

　리우 데 자네이루의 변화는 새로운 패러다임이지만 개념은 쉽다. 회색기반시설을 녹색기반시설로 교체하면서 자연에서 얻었던 일부 생태계 서비스를 도시에서 제공받으려는 것이다. 즉 도시 생태계의 회복력을 증대시켜 도시의 지속 가능성을 보장하고 생태 및 사회 문제를 해결하려는 방안이다. 잘 조성된 숲은 서로 연결되어 기능이 강화된다. 도시 구조에 따라 체계적인 계획을 세우되, 여가 생활에 도움이 되는 공간이 될 수 있도록 시민들과 협력하면서 완성해 나가면 된다.

새로운 주거지역에서는 의무적으로 도시 숲을 조성해야 한다.

꾸리치바
진화하는
도시계획

꾸리치바는 인구가 175만 명인 대도시다. 주변 위성도시 인구를 포함하면 317만 명에 이른다. 그런데 최근 10년간 인구 성장률을 보면 꾸리치바보다 주변 도시들의 상승세가 훨씬 높다. 현재 인구로는 더 이상 균형적인 성장이 어렵다고 판단한 꾸리치바가 인구 억제 정책을 쓰는 것으로 보인다.

사실 1970년 이전 꾸리치바 주변에는 도시가 없었다. 1955년 36만 명에 불과하던 인구가 1970년대 초반, 100만이 넘어서자 주변 지역에 도시가 형성되기 시작했다. 1985년부터 15년간은 무려 100만 명이나 증가했다. 이때 꾸리치바에 일자리가 많아지고, 살기 좋은 도시라고 소문이 나는 등 지명도가 높아지자 다른 지역에서 사람들이 물밀듯이 이주해오기 시작했다. 그래서 꾸리치바는 이웃 도시들의 팽창과 성장에도 직간접적으로 간여하게 되었다. 그중 하나인 교통정책은 이 도시들의 도시계획 철학이 되었다.

꾸리치바 도심 꽃의 거리는 차량통행을 금지시켜 새로운 관광지로 부각되고 있다.

1943년, 첫 도시계획은 꾸리치바 도심을 중심으로 한 방사형 도시였다. 이때 인구는 15만 명에 불과했으나 점차 늘어 1966년에는 외부의 거점들을 잇는 직선 축으로 연결된 도시로 기본계획을 바꿨다. 이미 55만 명이나 되는 인구가 도심으로 몰리는 것은 도시 운영에도 문제가 있고, 도시 외곽에 거주하는 대부분 서민들에게 방사형 구조는 돈과 시간 낭비를 초래했기 때문이었다. 그래서 남북과 동서를 달리는 직선도로와 도심에서 남동쪽으로 나가는 직선도로, 즉 도심에서 보자면 도로 축 다섯 개가 골격인 기본계획을 다시 수립하고 도로를 건설한 것이다.

대중교통이 지나는 주 도로 주변에는
사무실 건물들이 즐비하다.

도심으로 들어오지 않아도 기본 행정업무는 거점에서 해결하고, 도심으로 들어오더라도 직선도로를 타면 요금이 단일화되는 정책이 뒤따랐다. 또한 직선도로 주변에 대형 빌딩들이 들어서게 해 대중교통의 활용도를 높였다. 이렇게 서민들을 배려한 교통정책은 꾸리치바가 또다시 유명세를 타게 만들었다. 하지만 인구 170만 명을 소통시키기에 약 40년 전에 구상한 도시계획으로는 버거웠다. 그래서 2004년 기본계획 재검토에 들어가 정책을 보완하고 도시의 주요 정책들을 통합하면서 다양한 도시계획 도구들을 적용했다.

　　도로로만 보자면 기존의 남북 도로 축에서 조금 떨어진 곳에 새로운 녹색 직선도로를 하나 더 건설하는 계획이 추가되었다. 녹색은 철저하게 환경친화적 도로임을 강조한 것이다. 그리고 토지이용

1 정류장에서 잠시 멈춘 굴절버스 2 노선을 갈아탈 때 이용하는 튜브 역

도 다시 검토해 58퍼센트는 주거지역, 22퍼센트는 상업지역, 17퍼센트는 절대 보존지역, 나머지 3퍼센트는 복합 사용지역으로 조정했다. 이들 지역과 다섯 개 도로를 축으로 거미줄처럼 연결된 도로망을 구축해 지하철이 아닌 버스로 교통 문제를 해결했다.

이처럼 도시계획의 핵심은 대중교통에 있었다. 꾸리치바에서는 하루에 240만 명이 버스를 이용하며, 버스 약 2천700대가 355개 노선에서 30개 터미널, 347개 튜브 역들을 연결한다. 최근에는 도로망에 적합하게 디자인한 230명까지 타는 굴절버스도 도입했다. 한 번 요금을 내면 튜브 역에서 다른 버스를 갈아탈 수 있고, 역을 벗어나기 전까지는 얼마든지 이용할 수 있다. 터미널에는 다목적 복합시설이 있어 행정과 은행^{우편과 보험 포함} 업무를 볼 수 있고, 간단한 쇼핑도 할 수 있다.

무엇보다 중요한 것은 새 도시계획 수립에 시민들이 참여했다는 점이다. 이러한 모든 계획의 중심에는 이뿌크^{IPPUC}라고 불리는 도시계획연구소가 있다. 이 기관은 공무원 조직으로 1966년 도시계획 수립 직전에 개설되었다. 우리로 보자면 도시계획과와 건설과를 합친 것과 유사하다. 이들의 임무는 새로운 프로그램을 만들어 사업을 진행하고, 연구를 통해 시의 도시계획 절차를 조정하며 모니터링하는 것이다. 이 과정에서 시행착오도 많았지만 시민들의 생활은 꾸준히 향상되었다.

벨루오리존치
시민 참여로 만든
아름다운 서민정책

'아름다운 지평선'이라는 뜻의 벨루오리존치Belo Horizonte는 인구 250만 명으로, 해발 800미터 브라질 중부 내륙에 위치한 대도시다. 벨루오리존치가 2012년 세계지방자치협의회 총회 개최지가 된 것은 이 도시의 참여예산제와 먹거리 정책이 국제적으로 잘 알려졌기 때문이다.

참여예산제는 경제가 어려웠던 1970년대에 정부와 시민들이 함께할 일을 찾았던 참여제를 창안한 것이 계기가 되어 1993년부터 실행했다. 그로부터 3년 후부터 참여제로 주거 문제를 해결하기 시작해 약 5만호를 해결했지만 아직 5만호가 부족한 상태다. 참여예산제는 주민들이 자신을 위해 무엇을 어떻게 시작해야 하는지 인식하고 해결하려는 노력이 정책 시스템으로 발전된 일종의 직접 참여 민주주의정책이다.

정책의 핵심은 참여예산제로 배당된 도시 예산의 12퍼센트를 지

벨루오리존치 도심 공원과 시내 전경

역별로 어떻게 분산하고 공정하게 집행하는 가에 있다. '시민 삶의 질 지수'를 만들어 사회적인 우선순위를 정하는 데 활용해 일차적으로 전체 지역을 아홉 곳으로 구분한다. 아홉 곳을 다시 45개 소지역으로 나누고, 다시 세분한 81곳에서 참여예산제가 운영된다. 빈곤층이 많이 사는 지역은 당연히 우선순위가 높아진다. 단위 지역에 사는 주민이 많을수록, 지수가 낮을수록 예산이 배정되도록 만들었다. 그러니 가난하고, 인구 밀도가 높은 곳은 가중치를 주어 평가한다.

시장이 직접 참여예산제 회의를 진행하고 회의에는 각 지역대표들과 주민들이 참여한다. 이들의 발언을 통해 문제점을 발견하고 우선순위를 만든다. 물론 모든 문제에 예산을 반영하는 것은 아니고 매년 정해진 범위 내에서만 할당한다. 중요한 것은 지역주민들과 정책결정자가 꾸준히 대화하고 현장을 방문해 문제의 본질을 서로 이해한다는 점이다. 우선순위는 시민들이 자체적으로 판단하게 한다. 주로 인프라 조성에 대한 요구가 많은데 법적으로나 재정적으로 불가능할 경우에는 우선순위가 바뀌게 된다. 지난 18년 동안 길과 수도시설 같은 인프라에 예산 40퍼센트를 썼고, 28퍼센트는 파벨라 개선에 투자했다. 학교 시설 증설, 파벨라의 합법화 등도 자주 등장하는 요구 사항들이다.

우선순위를 정하고 나면 투표를 한다. 예를 들어 25개 항목을 건의했다면 토론을 통해 반 정도로 줄이고, 현장 방문을 통해 전문가들의 의견을 들은 다음 온라인으로 투표를 진행한다. 최근 한 도로변에 도시공원을 조성하는데 투표기간 20일 동안 5만여 명이 투표에 참가했다. 16세 이상이면 누구나 투표할 수 있고, 모든 과정은 인터넷에 공개되며, 시민들은 투표 결과를 존중한다. 현장 방문 중에 만난 지역 대표들은 민주주의를 실현하는 역할을 한 것에 큰 자부심을 갖고 있었다.

1 세계지방자치협의회 총회장 2 참여예산제로 삶의 질이 향상되고 있는 동네 3 도심에서 일주일에 한 번 열리는 시장

먹거리 정책은 시민들, 특히 학생들에게 양질의 음식을 제공하는 것이 주된 목적이다. 농사를 짓는 사람에서부터 음식 만드는 사람, 그리고 식사를 하는 사람들까지 연계된 네트워크를 만드는 것도 정책의 일부로, 여러 이해당사자들을 배려하고 일자리를 늘리는 효과가 있다. 시에 소속된 식품안전과 영양 분야만을 다루는 부서에서는 0~5세 영아들의 영양 결핍을 예방하고 퇴치하는 일을 중점적으로 담당한다. 또 급식을 기획하고, 재료 구매, 품질, 보관, 배부 등도 직접 관리한다. 무상급식은 탁아소의 어린이, 만 14세까지의 학생, 60세 이상 노인, 집이 없는 사람들을 지원하기 위한 것이다.

시내 중심부에서 차로 30분 정도 떨어진 변두리의 민중식당이라는 곳을 방문해서 식사해 보니 음식 질이 결코 나쁘지 않았다. 식당에는 여유 있어 보이는 사람들도 꽤 많았다. 동행한 현지 공무원에 의하면 벨루오리존치에는 이러한 식당이 다섯 곳 있단다. 저소득층을 위한 것이지만 모든 시민이 이용할 수 있으며, 이용자의 23퍼센트가 노인이고, 보통 하루에 1만4천 끼가 제공된다. 1994년에 처음 시작해 시민들 지지를 얻으며 급성장해서 2011년에는 347만 끼가 제공되었단다. 양질의 음식이지만 매우 저렴해 아침과 저녁은 1레알, 점심은 2레알이다. 1레알은 600원에 조금 못 미치며, 빈곤층 카드가 있다면 여기에서 반값이다.

1 민중식당에서 식사하는 주민들 2 민중식당 점심메뉴

73

푼타아레나스
남미 생태여행의
거점 도시

우리나라에서 남극 킹 조지 섬 세종기지로 가려면 먼저 미국이나 유럽을 경유해 칠레 수도 산티아고에서 다시 비행기를 갈아타야한다. 칠레 최남단 도시 푼타아레나스Punta Arenas를 거쳐야 하기 때문이다. 이곳에는 남극으로 가는 항공 노선을 보유한 칠레공군 기지와 남극으로 진입하는 선박들이 마지막 보급을 받는 항구가 있다. 남극에 가는 비행기를 타려면 공군기지 사정에 따라 대개 2~3일에서 길게는 일주일 이상 기다릴 때도 있다. 남극 기지로 가는 연구자들이나 방문객들과 최근에는 남아메리카 대륙 최남단을 찾는 관광객까지 모여들어 도시는 활기가 넘친다.

푼타아레나스의 역사는 150년에 이르지만 인구는 겨우 10만을 조금 넘는다. 칠레 남단 마가야네스Magallanes 지역 중심 도시로 마가야네스는 포르투갈 탐험가 페르디난드 마젤란Magellan에서 유래한 스페인어식 이름이다. 그는 스페인을 출발해 남미 동해안을 따라

푼타아레나스 중심부에서 조금 떨어진 어항

남하하다가 대륙 남단에서 태평양으로 통하는 통로를 발견했다. 이 통로가 바로 마젤란해협이다. 태평양은 마젤란이 험난한 여정 끝에 만난 잔잔한 바다에 감명을 받아 지은 이름이라고 한다.

마젤란 해협은 길이 600킬로미터로 남미의 꼬리처럼 보이는 티에라델푸에고 섬과 대륙 사이에 있다. 대서양 쪽 해협은 폭이 넓고 연안의 지형도 평탄하나, 태평양으로 갈수록 피오르드 지형으로 수로가 좁아지며 작은 섬들이 많고 해안은 만년설이 쌓인 험준한 산악지역이다. 그래서 지금도 지역 해로를 잘 아는 항해사들의 인도를 받아야만 안전하게 통과할 수 있다.

마젤란이 대서양과 태평양을 잇는 신항로를 개척하자 수많은 선박들이 항해에 나섰고 푼타아레나스는 경제적으로 크게 발전했다. 그러나 1914년 파나마 운하가 건설되면서 쇠락의 길을 걷게 되었다.

최근에는 남극기지 전초 도시와 남미 자연여행 거점 도시로서 새로운 부활을 꿈꾸고 있다. 거리 곳곳에는 여행사들의 다양한 여행 코스와 시간, 금액 등을 안내하는 간판들이 즐비하며, 기념품 가게들도 많다. 대개는 등산과 탐험여행, 걷기여행, 생태여행과 관련한 상품들이다. 이러한 여행이 주목 받게 된 것은 이곳의 독특하고 잘 보전된 자연 덕택이다. 하지만 최근에는 해안개발이 확대되면서 연안생태계에도 개발 후유증이 적지 않다. 이곳 사람들의 현명한 선택이 필요하다.

도시 남쪽에는 바란꼬 아말리요Barranco Amarillo, 노란 꽃이 피는 언덕 라는 예쁜 어항이 있다. 초여름인 12월 초, 항구 뒤편 언덕에 노란 꽃이 피어 이름과도 잘 어울린다. 어항에서는 주로 성게erizo나 왕게 centolla를 잡고, 때때로 홍합cholga도 잡는다. 푼타 아레나스에는 큰 빌딩은 많이 없지만 다양한 색깔의 양철지붕 집들처럼 사람들도 소박하게 살아가는 것 같았다. 자신들만의 세계에서 행복을 찾아 산다고 할까?

1 해안의 노란 꽃이 피는 언덕 2 시내 중심가 너머로 보이는 바다는 남극대륙으로 이어진다.
3 남극대륙 주변 해역에 서식하는 물개류

시애틀
커피의 도시

큰 도시가 되기 위한 가장 중요한 조건은 일자리다. 바꾸어 말하면 일자리가 많은 곳은 대도시가 된다. 사람들은 일자리를 찾아 움직인다. 일자리를 골고루 나눌 수만 있다면 금방 균형 발전이 되는데, 그게 생각처럼 안 되나 보다. 그래서 큰 도시를 잘 살펴보면 일자리를 창출하는 주력 산업들이 있다는 것을 알 수 있다. 하지만 도시의 산업이 영원히 이어지는 것이 아니다. 시대에 따라 성공적으로 긍정적인 변화를 이끌어내지 못하면 도시는 낙후하게 된다.

도시의 동력 산업을 잘 변화시키면서 발전한 도시로 태평양 해안에 위치한 시애틀Seattle이 있다. 시애틀은 미국 서해안 가장 북쪽 주인 오리건 주에서 가장 큰 도시이며 캐나다 국경과 인접해 있다. 주변 지역까지 합하면 인구가 약 350만 명이고, 경제규모로는 미국에서 12번째로 크다.

퓨젓 해협Puget Sound 안쪽에 자리 잡은 이 도시는 한 때 벌목이

1 새롭게 정비된 옛 항만부지 **2** 시애틀 항을 가로지르는 다리와 마운틴 레이니어(Mt. Rainier)가 멋진 경관을 이룬다. **3** 시애틀 해안 거리에서 마시는 커피

중심 산업이었다가, 알래스카에 골드러시가 일었을 때 그곳으로 떠나는 배가 있는 항구로 이름을 날렸다. 2차 세계대전 이후에는 항공기를 생산하는 보잉사의 본사와 생산 공장이 있었다. 1990년대에 들어와서는 소프트웨어와 인터넷 사업 그리고 생물공학 사업들이 뒤를 이어 도시 경제의 부활을 이끌고 있다. 최근에는 녹색산업으로 도시의 지속가능한 발전을 추구하고 있다. 미국에서 스마트도시 1위로 녹색경제를 대표하고, 지난해에는 2030년까지 시민 1인당 온실가스 배출량 제로를 만들겠다고 다짐하며, 기후중립도시가 될 것을 선언했다. 이처럼 도시의 주력 산업은 끊임 없이 진화했으며 따라서 늘어나는 일자리를 찾아오는 사람들이 많아 자연히 인구도 늘고 있다.

시애틀과 그 주변 지역에는 미국의 500대 기업에 드는 기업이 8개나 있다. 여행 중에 만난 한 시민은 시애틀의 경제를 움직이는 대표적인 회사로 마이크로소프트44위, 알래스카 항공, 스타벅스241위이렇게 3곳을 꼽았다. 알래스카 항공은 500대 기업에 들지 못한다. 하지만 시민들이 알래스카를 그만큼 친근하게 느끼고 항공사가 자신들이 사는 도시에 있다는 것에 자부심을 갖는 듯했다. 그밖에 우리가 잘 아는 기업으로는 보잉사27위, 인터넷 서점 아마존100위이 있다.

스타벅스는 의외였다. 아무리 유명하다고 해도 키피점이 대도시 시애틀을 이끄는 주력 산업 중에 하나였다니 놀라웠다. 갑자기 '잠 못 드는 밤' 시애틀이 커피 때문이 아닌가 하는 생각이 들었는데, 아닌 게 아니라 시애틀은 커피의 소비가 많기로도 명성이 높다. 아시아나 기내지의 '시애틀의 커피 고수들원영인 글'을 요약하면. "시애틀에는 크고 작은 커피숍이 1만여 개 있다. 이탈리아 커피보다 진한 에스프레소와 예술적 라테가 있으며, 밍밍한 아메리카노 커피를 고급 상품으로 만들었다. 커피의 고수들도 즐비하다. 시애틀은 카페인에 중독되었다." 초대형 프랜차이즈 커피점인 스타벅스, 털리스 Tully's, 시애틀 베스트 커피 등도 시애틀에서 처음 시작했다니 커피 도시라는 말이 이해가 되었다.

시애틀의 겨울은 축축하고 쓸쓸하다. 위도 상으로는 우리나라보다 고위도이지만 난류 때문에 기온은 우리나라보다 더 높다. 그런데 고도가 애매하게 높고 비가 잦아 더 춥게 느껴진다. 기온이 섭씨 4~5도일 때가 제일 춥다는 것을 아는 사람들은 다 안다. 뼈 속까지 저리는 추위에 질퍽질퍽하기까지 하니, 따뜻한 커피 한 잔이 당기게 되어 있다.

도시에서 가장 추웠을 만한 곳에 스타벅스의 발상지가 있다. 시애틀 항과 한 블록 떨어진 피크 플레이스 수산시장 바로 옆이다. 지

금은 거리가 잘 단장되어 예쁘지만 예전에는 거센 바닷바람이 불어오는 우중충한 선창가였을 것이다. 이 거리를 웨스턴 에비뉴라고 하며, 여기에서부터 경사가 급해지다가 두 블록쯤 지나면 평탄해진다. 그곳에서는 바다가 저 아래로 내려다보인다. 해안과 평행하게 도로들이 늘어서고, 그와 직각으로도 도로들이 있어 정사각형 격자 모양 거리가 된다. 바로 이 거리들 곳곳에 수많은 식당과 커피 전문점들이 있었다. 커피가 황량했을 거리를 낭만의 도시로 만들었다.

　시애틀 항구 주변은 수변공원으로 재개발되어 관광객들을 이끈다. 수족관과 공원, 다양한 기념품점을 번잡한 느낌 없이 조화롭게 배치해놓았다. 따끈따끈한 해산물 튀김을 파는 꽤 유명한 가게에서는 줄을 서서 사먹는 재미가 있다. 문득 요즈음 카페 거리로 유명세를 얻고 있는 강릉이 시애틀에서 아이디어를 얻은 것은 아닌지 궁금해졌다.

스타벅스가 탄생한 시애틀 본점

프라이브르크
에너지 자립마을에서
에너지 수출마을로

　독일은 선진국 중에서도 그린에너지 산업의 선두주자다. 풍력으로만 에너지를 자립하는 군 단위 행정구역이 있는가 하면, 작은 에너지 자립마을도 전국에 200여 개나 있다. 에너지는 독일 생태마을들의 공통 관심사다.

　프라이브르크는 독일 남서부에 있는 바덴-뷔르템베르크 주의 주도다. 이 도시는 환경문제로 몸살을 겪고 난 1990년대 후반부터 독일의 환경수도이자 에너지 절약형 도시로 지명도가 높아졌다. 지금은 전 세계에서 많은 사람들이 이 도시의 경험을 배우려고 찾아와 관광도시가 되었다.

　1976년 체르노빌 원전 사고 이후 원자력으로부터 벗어나고자 에너지 자립도시를 선언한 후, 시정의 주된 목표는 태양에너지 활용이었다. 이에 따라 1990년대부터 고효율 조명기기를 보급했고, 저에너지 주택 건축 기준을 제정했다. 이것은 일반가정에서 사용하는

---

1 병영을 개조한 공동주택 **2** 마을사무소 건물, 지붕에 태양광 집광판이 보인다.

에너지 80퍼센트가 겨울철 난방이라는 점에서 착안한 것이었다. 뿐만 아니라 단열을 위해 외벽을 보강하고 기밀도를 향상시키며, 남향 건축을 권장하는 등 저에너지 하우스 건축을 지속적으로 시도했다. 이때 화석연료와 원자력을 대체할 수 있는 재생에너지원으로 태양광에 주목해 지금은 독일에서 1인당 최대 태양광 발전량을 보유하고 있다.

프라이브르크 남쪽 외곽에 자리 잡은 보봉 마을은 17세기에 프랑스군이 주둔했던 병영으로 1990년대 후반, 구조를 변경해 생태주거단지로 조성되었다. 설계자들은 지속가능한 마을의 모델을 만들고자 100여 채는 저에너지 기법으로 건물을 재건했고, 나머지는 우드 칩나뭇조각을 태워서 얻은 열과 태양열, 태양광 발전을 난방에

1 보봉마을 거리 2 마을의 다가구 주택 3 운반용 수레가 달린 자전거 4 재활용품 가게

이용했다. 그 결과 이 마을은 세계 최초로 에너지 자립을 넘어 이제는 남는 에너지를 다른 곳에 팔고 있다.

마을주민 70퍼센트 이상이 이주하면서 차를 없앴기 때문에 주민 대부분이 마을 앞 전철과 버스를 이용한다. 자전거와 사람들만 마을 안으로 들어갈 수 있고 차는 마을 입구에 있는 공공주차장에 세워두어야 한다. 이밖에도 마을에는 세탁과 화장실 용수 등에 지붕 빗물 집수장치를 이용하는 등 다양한 생태적 기능을 갖추고 있다.

보봉 마을은 2001년부터 2천여 명이 이주한 것을 시작으로 지금은 5천여 명으로 늘어나 주민들이 직접 만든 주택 2천여 채에 거주하는 생태마을로 발전했다. 게다가 방문객을 위한 전문 해설자가 있을 정도로 관광객들이 많이 찾는다.

드레스덴
독일 문화와
예술의 중심지

이탈리아에 피렌체가 있다면, 독일에는 드레스덴이 있다. 그만 큼 예술성과 문화가 뛰어난 중세풍의 도시다. 많은 사람들이 과거 동독지역에 대해 낙후된 도시일 거라는 편견을 갖지만 드레스덴을 가보면 생각이 달라진다.

드레스덴은 슬라브어로 '숲속의 사람'이라는 뜻이며, 그 기원은 12세기에 처음 이곳에 정착한 슬라브족 취락지대로 거슬러 올라간 다. 이후 게르만족이 들어와 오늘날까지 역사를 이어왔다. 지금도 도심 곳곳에서 볼 수 있는 화려한 건축양식은 이 도시가 한때 강성 했던 작센 왕국의 수도로서, 독일 문화와 예술의 중심지였다는 사 실을 짐작케 한다.

시내 중심부에는 유럽 오래된 도시에서 보기 어려운 일직선의 넓은 도로와 큰 광장이 있으며, 광장 한 가운데에는 종교개혁의 주 도자였던 마틴 루터 동상이 있다. 그가 태어난 곳이 작센지방이고,

도심에서 엘베강변으로 나가는 골목거리는 식당가다.

구교가톨릭에 대항해 신교가 탄생하게 된 종교개혁이 가장 활발히 전개되었던 곳이 드레스덴이었다.

동상 바로 뒤쪽에 있는 웅장한 교회는 독일의 신교 교회 중에서는 가장 큰 프라우엔 교회Frauenkirche이다. 아마 당시에는 세계에서 제일 큰 교회였을 것이다. 18세기에 지어졌으나 2차 대전 말기에 연합군의 공습으로 완전히 파괴되었다가 1990년 통일 이후 시민단체의 노력으로 1994년 복원을 시작해 2005년에 완전히 마무리했다.

브뤼울Bruehlsche 테라스는 도심을 흐르는 엘베 강 제방 위에 만들어진 산책로이며, 도시 전경을 한 눈에 조망할 수 있어서 괴테는 이곳을 '유럽의 발코니'라고 했다.

산책로를 따라 구 시가지로 들어서면 쯔빙어 궁전과 필니츠 궁전이 보인다. 아주 거대한 규모는 아니지만 예술적 가치

드레스덴 구 시가지 중심부 건물들

91

엘베강변 브뤼울 테라스 전경

가 돋보이는 바로크 양식이다. 드레스덴에서는 바로크와 로코코 양
식 건축물들을 동시에 볼 수 있다. 아우구스트 거리의 거대한 벽화
〈군주의 행렬〉^{높이 8미터, 길이 100미터} 은 전쟁 중 공습에도 상처 하나
입지 않은 유일한 문화재다. 이밖에 박물관, 공연장 등 수많은 건축
물들과 예술작품들이 훌륭한 유산이 되어 도시를 풍요롭게 만들고
있다.

신 시가지의 소박한 거리

　　드레스덴 사람들은 여러 전쟁에서 큰 피해를 입고도 다시 도시
를 세계적인 유산으로 부활시켰다. 지금은 항공기 제조, 정밀광학기
기, 기계, 화학, 담배 등 다양한 산업을 바탕으로 독일 남동부의 경
제 · 교육 · 정치 · 문화의 중심 도시로 부상하고 있다. 과거에 집착
하지 않고 미래를 지향하는 진취성이 도시를 조화롭게 만들고 있다.

뢴
소박하지만 현실적인
지역발전전략

독일 내륙 산간지방 뢴Rhon은 세 개 주-바이에른, 헤센, 튜린겐-에 걸쳐 있다. 이곳은 해발 800미터에서 950미터에 이르는 호펜 뢴이라는 고원 지역으로 주는 달라도 동일 문화권이다. 우리나라 시골과 마찬가지로 이농으로 인한 인구 감소와 이에 따른 경제활동 축소로 낙후되었지만 덕분에 광활한 숲과 초원지대, 맑은 물이 흐르는 하천을 그대로 간직할 수 있었다.

뢴 주민들은 1991년에 뢴이 유네스코가 지정하는 생물권보전지역이 되자 이를 새로운 전기로 삼아 자연을 잘 지키면서 발전을 도모한다는 지속 가능한 발전전략을 세웠다. 생물권보전지역은 세 개의 용도구역으로 나뉘는데 핵심지역은 엄격하게 보전하고, 완충지역은 환경 친화적인 활동을 주로 하게하며, 전이지역은 사람들이 활발하게 활동하는 곳으로 구분해 관리한다.

사실 핵심지역을 제외하고는 크게 제한을 두지 않는, 조금 느슨

1 뢴 생물권보전지역의 열린 경관 **2** 숲과 초지대에 자리 잡은 마을 전경

1

2

한 보호제도다. 핵심지역은 2퍼센트에 불과하지만 주 정부들은 완충지역 중에 1/5을 보존하고 있어 전체 면적 중에 10퍼센트가 법으로 관리를 받는다. 그런데 이 보호대상 구역이 뢴 지방에서 부를 창출하는 자산이 되었다.

뢴의 주된 보호대상은 바로 자연경관이다. 사람들은 산들바람과 푸른 하늘, 새들이 지저귀는 소리 같은 것에 크게 가치를 두고, 문화경관으로 보존하기로 했다. 원시 자연 그대로의 모습은 아니지만 목축하면서 자연스레 형성되었기 때문이다. 초원지대에는 겨울을 제외한 세 계절에 항상 꽃들이 넘치고, 키 작고 다양한 풀들이 자란다. 일 년에 한 번씩 풀을 잘라주고, 나무들이 초지대에 침입하지 않도록 하는 것이 유일한 관리방법이다. 잘라낸 풀들은 가축들이 제일 좋아하는 먹이가 되니 일거양득이다. 이렇게 다양한 풀들을 유지하고, 열린 시야를 가진 풍경은 자연스럽게 뢴 지방의 핵심관광자원이 되었다.

게다가 뢴 지역은 1970년대 독일에서 농산품을 개량할 때 기술도입이 늦었던 탓에 다양한 옛 품종들을 가지고 있다. 특히 사과는 200여 종류에 달한다. 그래서 일부 농민들은 생물권보전지역 관리사무소의 적극적인 지원을 받아 사과조합을 만들어 재배한 유기농 사과로 여러 가지 음료를 개발해 지역경제 활성화에 크게 기여하고

1 생물권보전지역 내 주거지 **2** 도시 주거지역 거리는 꽃들로 장식되어 있다.

있다.

사과에 생물권보전지역 산産이라는 인증 표식이 있어 소비자들에게 뢴 사과의 신뢰도와 지명도가 높아져 사과 값이 예전보다 다섯 배 이상 올랐다. 게다가 EU 정부에서도 농업다양성을 보존하는 차원에서 이곳 농부들을 경제적으로 지원했다. 사과는 이제 뢴 지역의 대표적인 자랑거리가 되었고, 여러 숙박업소나 회사에서 사과 문양을 상표로 만들어 쓴다. 양도 마찬가지로, 한 때 멸종 단계에 이르렀던 토종 양을 잘 번식시켜 이제는 지역을 상징하는 축산물이 되었다.

세 개 주 보전지역 관리사무소가 긴밀하게 협조해 지원하고 노력한 덕분에 지역 경제는 되살아나고 인구가 증가하기 시작했다. 관리사무소 건물에는 보전지역 관리자인 공무원들, 지역에서 보전활동을 하는 민간단체 활동가들, 농산품을 생산하는 작은 기업이나 식당들의 협동조합이 사무실을 나누어 쓰고 있다. 지역 농산물을 많이 사용하는 식당은 조금 더 비싸지만, 인증 제도를 두어 지역 농산물로 만든 요리가 건강식품임을 강조했다. 또 방문객 센터에서는 지역정보를 제공하고 기념품을 판매한다. 방문객이 지속적으로 늘어나 센터를 확장하고 환경교육센터도 신축할 계획이다.

1~2 작은 음료회사가 만든 상품들. 주력 상품은 사과음료다.

베를린
생태건축
실험지역

베를린 시내 대사관 거리 근처에는 다양한 공동주택social building 들이 있다. 건물 전시회를 하고 나서 시민들을 살게 한 곳으로, 외관 은 단순하지만 실용적이고, 예술적으로 배치해 다세대 주택이 주는 건조함을 없앴다.

약간 큰 연립주택 규모인 공동주택 사이는 포장하지 않고 살짝 경사를 두어 빗물이 자연스럽게 지하로 스며들게 했다. 베를린 시는 지하수를 식용하기 때문에 지하수 관리가 철저했다. 게다가 건물들 의 에너지 효율도 높으니 새로운 개념의 공동주택이라 할 만하다.

바로 옆에는 기본 골조는 하나지만 여러 모양의 집을 층층이 쌓 아 놓은 것 같은 건물 두 동이 있다. 둘 다 독특한 개성을 살리면서 각층 공간도 넓히는 장점이 돋보였다.

연립주택 단지 큰길 건너편에 보이는 코발트색 유리 건물은 노 르딕대사관이다. 노르딕대사관은 스웨덴, 노르웨이, 덴마크, 아이슬

1 노르딕대사관 전면 2 베를린 구 시가지를 리모델링한 곳으로 시민들의 휴식공간이 되었다.

란드, 핀란드 등 노르만 족 다섯 국가들이 공동으로 운영한다. 건물 외벽 유리문들은 창문의 개폐와 각도가 해의 이동에 따라 자동으로 조절된다. 내부 열이 새어나가지 않도록 세밀하게 단열 처리한 패시브하우스Passive House로 겨울에는 난방을 최소화하고, 여름에는 에어컨을 사용하지 않는다.

시내에서 남쪽으로 한 시간 정도 거리에 있는 훔볼트대학 인근에도 최근 생태주택이 들어섰다. 레벤스라움 요한니스탈Lebensraum Johannisthal이라는 집 20채와 창고 하나가 있는 작은 연립주택이다. 이층집이 5채씩 붙어 있으며, 모두 목조건물로 크기는 비슷하지만 색과 모양은 조금씩 다르다. 연립주택 입구에 들어서면 네 건물로 둘러싸인 제법 큰 마당이 있다. 모든 집에서 보이는 마당은 아이들

놀이터, 주차장 등 이웃끼리 소통하는 공간이다. 소박한 건물과 마당, 주변 환경이 주민들의 생태적인 삶과 잘 어우러졌다.

연립주택 옆에는 지극히 평범하고 널따란 초원이 있으며, 자연생태계 보호지역이다. 과거, 독일이 국토를 개발하는 과정에서 초지대가 거의 다 사라져 초지의 생물다양성이 절대적으로 부족해졌다. 그래서 이 신도시 지역 개발과정에서 생긴 공간을 초지대로 만들어 남겨 두기로 결정했다. 초지대가 생긴 후, 그 동안 관찰된 적 없는 작은 야생화들과 곤충들이 보이고 종달새 소리도 들리기 시작했단다.

1 세대 각각의 개성을 살린 독특한 복합건물 2 생태 공동 연립주택의 작은 정원

후줌
갯벌관광 중심 도시

유럽 서해안 북쪽 덴마크, 독일, 네덜란드 해안 앞에 늘어선 섬들은 대부분 모래섬이다. 모래섬들과 해안 사이의 넓은 갯벌이 펼쳐진 얕은 바다가 와덴 해Wadden Sea다. 와덴 해 보호지역 면적은 약 1만3천 제곱킬로미터이며, 이 가운데 4천500제곱킬로미터가 갯벌로, 전체 면적의 약 35퍼센트에 해당된다. 전 세계 최대 규모인 와덴 해 갯벌 대부분은 우리나라 갯벌과 다른 인공갯벌이다.

예전부터 와덴 해에 인접한 해안에 살던 사람들은 해일로부터 생존하기 위해 방조제를 쌓았지만 역부족이었다. 그래서 바다에 인공갯벌을 만들고 갯벌이 넓어지면 다시 방조제를 쌓고 내부는 농지를 조성하는 일을 수백 년 동안 반복했다. 그러면서 마을이 생겨났고 오늘날 해안선이 된 것이다. 그래서 일부 섬 지역을 제외한 대부분 해안에 방조제가 형성되었다.

와덴 해에서 갯벌이 가장 넓게 분포한 지역은 독일 슐레비히 홀

1 잘 정비된 갯벌 염습지 **2** 인공갯벌이지만 이곳 사람들은 자연갯벌처럼 즐긴다.

스타인Schleswig-Holsteins주의 노드프리스란트Nordfriesland 지방이다. 독일 갯벌은 국립공원이자 세계자연유산이다. 인공갯벌이 어떻게 자연유산으로 지정되었을까 하는 의문이 생길 만하다. 인공으로 형성된 갯벌에는 드넓은 염습지와 퇴적물 벌판이 생기며, 본래의 갯벌과는 모양이나 생물조성이 다르지만 생물다양성 유지, 수산물 생산, 철새 서식지 제공 같은 기능을 잘 유지하고, 열린 경관도 아름답기 때문이다.

와덴 해 세 나라 모두 갯벌에서 관광으로 수익을 올리지만, 규모나 내용 면에서 최고는 단연 독일 슐레비히 홀스타인 주이다. 주의 갯벌관광 수익은 2조원 이상으로, 전체 수입원에서 최대 50퍼센트 정도를 차지한다. 이곳을 찾는 방문객 80퍼센트 이상이 훼손되지 않은 자연을 찾아온 것이라니 이러한 현상을 자연보전과 관광의 공동 진화라고 할 수 있다.

후줌Husum은 노드프리스란트의 수도이자 슐레비히 홀스타인 주의 갯벌관광 중심지다. 이곳은 독일에서도 가장 시골에 속하지만 갯벌관광을 새로운 동력삼아 지역 경제발전을 도모하고 있다. 주의 국립공원 면적은 4천415제곱킬로미터이며, 이 가운데 30퍼센트 이상이 갯벌로, 와덴 해 갯벌의 1/3에 해당한다.

후줌에서는 여전히 예전 갯벌을 볼 수 있다. 갯벌이 멀리까지 펼쳐지니 수로도 길어질 수밖에 없었고, 지금까지 수로를 배 정박 항구로 이용한다. 수로 주변이 관광 중심지라 해산물 요리를 파는 식당과 기념품 가게가 많다. 2009년 독일과 네덜란드의 와덴 해 국립공원이 세계자연유산으로 지정된 후, 후줌을 비롯한 이 지방 도시

들은 국립공원이나 세계자연유산 로고를 많은 관광 상품에 활용했다. 지역 관광 전문가의 말에 따르면 자연유산 지정으로 관광객이 20퍼센트 이상 늘었단다.

관광객들은 방문객센터에서 정보를 찾고 갯벌 안내도 받는다. 이곳은 지역에서 활동하는 갯벌 안내인들의 지휘소가 되기도 한다. 후줌 방문객센터는 국립공원하우스라고 부르지만, 국립공원이 직접 관여하는 것이 아니라 지역 환경단체와 국제 환경단체인 세계야생기금WWF 지부가 공동으로 운영한다. 이렇게 서로 크게 의존하지는 않지만 자유롭게 협력하는 것이 자연보전의 노하우인 셈이다.

1~2 후줌 시내를 관통하는 수로는 바다로 이어진다.
3 국립공원하우스

빌헬름스하펜
세계자연유산 등재로
부활하다

빌헬름스하펜은 와덴 해와 연한 니더작센 주의 해안도시이며, 인구는 33만으로, 니더작센 주에서 가장 큰 야데Jade 만 서쪽에 위치한 상업 중심지다. 니더작센 지역에는 네덜란드 국경 북쪽 슐레비히 홀스타인 주와 함께 독일에서 갯벌이 가장 많이 분포한다.

갯벌로 둘러싸인 이곳은 독일이 여러 작은 나라로 분리되었던 19세기까지, 올덴버그 대공국the Grand Duchy of Oldenburg의 땅이었다. 그러나 당시 내만 지역에 함대 창설을 꿈꾸던 이웃 강국 프러시아에 이 지역을 강제로 이양할 수밖에 없었다. 그로부터 몇 년 후인 1896년, 프러시아 왕 빌헬름 1세가 야데 만 서쪽을 해군기지로 개발해, 당시 왕의 이름 빌헬름과 항구라는 뜻인 하펜이 합쳐져 도시 이름이 되었다.

이후 빌헬름스하펜은 왕립 조선소를 세우고, 20세기 초 전함을 건조하며 급속히 발전해, 2차 대전 때 잠수함기지로도 활약했지만

1 도시 외곽의 수로는 항만으로 쓰인다. 2 군항에는 여전히 군함이 정박하고 있지만 일부는 선박박물관으로 이용된다.

1

2

전쟁 말기에는 도시 2/3가 폭격으로 폐허가 되었다. 지금도 독일에서 가장 수심이 깊은 항구이자 독일 최대 해군기지다. 그러나 디지털 기술의 등장으로 기계류를 생산하던 제조 공장들이 문을 닫게 되었고, 해군기지만으로는 더 이상 도시의 발전을 기대하기 어려웠다.

1985년 독일 쪽 와덴 해 전체 갯벌이 국립공원으로 지정되고, 2년 후인 1987년 와덴 해 공동 사무국이 빌헬름스하펜에 개설되면서, 지금은 갯벌 관광산업으로 부활을 꿈꾸고 있다. 공동 사무국 개설 이후, 와덴 해 삼국 갯벌 약 4천500제곱킬로미터가 체계적으로 보전되면서 람사르보호지역과 유네스코 생물권보전지역 등으로 지정되었고, 마침내 2009년 독일, 네덜란드 권역 와덴 해 갯벌이 세계자연유산으로 등재되었다. 니더작센 국립공원 센터였던 방문객센터

1~2 유네스코 와덴 해 세계자연유산 센터 내부 3 기차역에 들어선 쇼핑센터 4 빌헬름스하펜 중심상가

이름도 '유네스코 와덴 해 세계자연유산 센터'로 바뀌었다.

와덴 해 갯벌의 관광가치는 약 56억 유로로 우리 돈으로 환산하면 대략 8조4천억 원이다. 니더작센 주 갯벌 면적이 와덴 해 전체에서 약 1/3을 차지한다고 가정하면 이 주의 갯벌 관광가치는 2조8천억 원 정도인 셈이다.

자연유산으로 지정된 이후 지명도가 상승해 관광객이 25퍼센트 정도 늘면서 관광 인프라도 증가했다. 또 거리를 정비하고, 해군박물관 등 여러 박물관을 새롭게 단장해 도시 분위기가 훨씬 밝아졌다. 기차역에 새로운 쇼핑센터가 들어서고, 매년 7월 첫 주 '야데에서 주말을'이라는 항구 축제를 개최하는 등 빌헬름스하펜의 새로운 도전이 시작되고 있다.

랑거욱
주민 스스로 만든
부자 섬마을

  랑거욱Langeoog은 이 지역 사투리로 긴 섬long island라는 뜻으로 올챙이처럼 생긴 섬이다. 독일 니더작센 주 앞바다에 있는 모래섬으로 길이가 14킬로미터에 이르지만 면적은 20제곱킬로미터에 불과해 폭이 매우 좁은 편이다.

  올챙이 머리 모양에 주거지역이 밀집되었고, 그 밖은 온통 모래뿐이다. 북해의 거센 파도가 모래를 실어와 육지 근처에 거대한 사구를 만들어 모래가 넓게 쌓이자, 프레지안이라는 바다 사람들이 정착하기 시작했다. 최고로 높은 지대가 20여 미터에 불과한 모래섬 생활은 고난의 연속이었다. 그러나 장기체류형 관광사업을 시작하면서 섬이 점차 부유해지더니, 지금은 독일 안에서 땅값이 가장 비싼 곳으로 꼽힌다.

  현재 랑거욱은 독일 최고 해양 관광지 중 하나로, 벤저질Bensersiel 항에서 페리로 35분만 가면 도착한다. 바람이 거센 겨울을 제외한

해안 모래언덕 너머에 조성된 마을 전경

부활절 2주 전부터 10월 말까지가 관광시즌이다. 여름이 되면 페리 두 대가 하루에 일곱 번을 오가는데, 한 배에 보통 500명 이상이 탄다. 당일 여행객도 있지만 대부분 가족 단위가 짐을 잔뜩 가지고 온다. 그래서 비행기와 마찬가지로 짐 무게를 달아 별도로 수송료를 내고, 짐을 싣는 컨테이너도 따로 있다.

배에서 내려 기차를 타고 3킬로미터 정도 떨어진 시내로 가면 역에는 방문객을 맞이하려는 사람들로 북적인다. 당일 여행객들은 자전거가 있어야 시내 관광이 가능하기 때문에 역 인근에 있는 자전거점으로 바로 가야 한다. 시내 중심에는 자전거가 가득하고 아기자기하게 꾸민 식당과 기념품 판매점도 무척 많다.

평소 2천여 명이던 인구가 여름이면 2만 명 정도로 늘어나며, 숙박시설의 방은 1만여 개, 자전거는 2만5천 대나 있다. 니더작센 국립공원청 분소가 제공한 자료에 따르면 연간 방문객은 약 20만5천 명이었다. 하지만 관광객들 총 숙박일은 250만 박night이나 되었다. 당일 여행객을 제외하더라도 관광객들이 적어도 12일 정도 체류한다는 의미다. 독일 물가를 고려해 한 사람이 하룻밤을 지내는 데 평균 15만원을 쓴다고 가정하면 3천750억 원을 버는 셈이다.

랑거욱은 자동차, 3층 이상 건물, 쓰레기 처리장이 없다. 전부 관광을 위한 조치였다. 차는 긴급 의료사고 처리와 소방용뿐이며, 모

1 여름에는 해안에 관광객들이 북적거린다. **2** 항구와 시내를 연결해주는 열차 **3** 시내에서는 자전거만 타고 이동할 수 있다.

두 전기차다. 경관이 시원하고 무공해지역이니 도시 사람들이 오래 머물고 싶어지는 것이다.

유명 관광지라고 자연보전에 소홀하다고 생각하면 오해다. 섬의 80퍼센트가 국립공원 부지이고, 자전거 길을 제외하고는 출입금지 지역이 많다. 생물들이 산란하는 시기에는 해당되는 전 지역 출입이 금지된다. 생태관광 해설자들이 검은머리갈매기 1천700마리를 비롯한 갈매기 무리가 7천500마리나 있다고 이야기하는 것으로 보아 생태 모니터링도 상세히 하는 것 같다. 이리 되기까지의 모든 일은 주민위원회에서 직접 결정했단다.

랑거욱 섬 동쪽 해안 경관

가나자와

미술관을 중심으로
창조도시를 만들다

이시카와 현石川縣은 일본 본도라고 할 수 있는 혼슈本州 서해안 중간 부분에 손가락 모양으로 돌출된 노토 반도를 기반으로 한다. 가나자와 시金澤市는 이시카와 현의 현청 소재지이며, 현에서 인구가 가장 많은 행정구역이다. 21세기 현대미술관21st Century Museum of Contemporary Art, Kanazawa과 시민예술마을을 통해 널리 알려진 도시이기도 하다.

1996년에 문을 연 시민예술마을은 과거 가나자와시의 주력사업이자 전통이었던 섬유산업이 몰락하면서, 전통을 계승하고 시민들의 다양한 예술적 역량은 강화하기 위해 만든 시설이다. 이전에 방직공장 부지와 창고로 쓰였던 곳들을 리모델링해 총 네 개의 창고를 드라마 공방, 뮤직 공방, 환경보전 생활 공방, 예술 공방으로 꾸몄다. 외형과 기둥들은 그대로 두고 내부만 목적에 맞게 변경한 것이 독특했다. 건물 주변으로 물이 흐르는 개울을 만들었는데 개울

1 21세기 현대미술관에서 가장 유명한 작품 중 하나인 수영장
2 시민예술마을의 개울 주변 공연장과 연결된 내부 공연장

옆 창고 공방 일부 구간은 별도로 작은 호수 형태로 만들어 공연장 무대로 삼았다. 이 무대는 건물 유리문만 열면 공방 안 무대와도 자연스럽게 연결되는 것이 참신하고 편리해 보였다.

공방들은 전통 문양이나 지역에서 전승되는 예술을 배우는 공간과 여러 명이 연극이나 콘서트 공연을 할 수 있는 무대, 소음이 차단되어 혼자서 악기 연주를 할 수 있는 방 등 시설이 다양했다. 어떤 공간이든 신청만 하면 시민 누구나 자유롭게 이용할 수 있고, 1년 365일 24시간 개방해 일과 후나 공휴일에도 이용이 가능하다. 각 공방별로 선정된 대표 두 명씩으로 구성된 시민대표 여덟 명이 독자적으로 운영한다. 이처럼 시민참여형 문화시설의 선두주자로 일본에서는 물론 국제적으로도 주목을 받게 되었다.

가나자와 21세기 미술관은 학교들이 이전하게 되며 생기는 도시 공백화를 우려해 2004년, 시내 중심에 세운 현대식 미술관이다. 초현대적인 고정 작품들 외에 늘 품격 있는 기획 전시 덕분에 유명세를 타게 되었다.

미술관 내부에 교차로 건널목이 있어, 건널목을 건너가면 자연스럽게 미술관 내부를 지나가게 된다. 이러한 설계는 시민들이 수시로 미술관을 접하며 주요 미술품을 감상하게 하는 고차원적인 예술교육 방식이다. 이 미술관은 새로운 문화를 창출하고 지역사회를

1 미술관 외부와 연결된 통로 **2** 시민예술마을의 전경

1

2

활성화하는 목적도 가지고 있다. 지역이 전통적으로 가지고 있던 다양한 유산을 발전시켜 현대적인 도시 성장 동력으로 삼으려는 의도다. 아울러 이 미술관은 지역 차원의 주목받는 문화시설이 되어 관광객을 유인하는 역할도 맡는다.

현대사회는 개인이 가진 창조적 역량을 기반으로 한 산업이 가장 각광받는 시대이다. 도시는 이러한 창의적 에너지를 가진 시민을 양성해 도시 가치를 향상시킬 의무가 있다. 그렇게 노력하는 도시를 '창조도시'라 한다. 가나자와 시는 그 길을 앞장 서 가고 있다.

21세기 현대미술관을 지나가며 자연스럽게 작품 '푸른 행성의 하늘(Blue Planet Sky)'을 감상하는 방문객들

나라시노 야츠갯벌
작고 볼품없는 갯벌을
명소로 만들다

야츠谷律갯벌은 일본에서 가장 유명한 갯벌이다. 한국에서도 갯벌을 연구하거나 보전활동을 하는 사람들 중 상당수가 직접 방문했을 정도다. 그렇다고 해서 야츠갯벌이 광대하거나, 자연성이 뛰어나 특이한 생물들이 많이 서식하는 것도 아니다.

야츠갯벌은 도쿄 동쪽인 지바겐 나라시노 시千葉縣 習志野市에 있다. 야츠갯벌로 갈 때 전철을 타면 동경만東京灣. 도쿄완 개발현황을 볼 수 있는데, 초대형 건물과 공장, 항구들은 모두 동경만을 매립해 만든 것이다. 항아리 모양인 동경만은 여러 강들의 하구이기도 해서 예전에는 큰 갯벌들이 많았지만 에도시대 이후 도쿄가 비약적으로 발전하면서 자연적인 갯벌은 거의 다 사라졌다. 그러면서 만에서 활발하던 어업도 이제는 극히 일부 해안에서나 볼 수 있고, 예전 모습은 박물관이나 방문객센터에 기록으로만 남아 있다.

개발의 광풍이 불던 시대, 어민들은 힘이 약했고 갯벌이 사라진

야츠갯벌과 자연관찰센터

후에 일어날 일들을 예상할 수 없었다. 그러나 1960년대에 들어서면서 야츠갯벌 주변 개발이 본격화되자 이곳 어민들은 매립을 강하게 반대했다. 이 반대운동은 일본 갯벌 간척과 매립 반대 운동의 전설이 되었다.

아주 오래전 야츠갯벌은 조개가 많이 잡히는 갯벌이었고, 그 후에는 염전이었다가 1922년에 유원지가 되었다. 지금의 갯벌은 1990년대 중반에 형성되었다. 아파트 건물과 도로, 작은 공원으로 둘러싸였고, 넓이가 40헥타르인 사각형 갯벌이 도시 한가운데 들어선 특이한 모양이다. 폭이 6미터 정도인 수로 두 개가 동경만과 연결되어 조석에 따라 바닷물이 들고 난다. 만조에는 수심이 1미터 정도되고 간조에는 갯벌이 드러난다.

일본 환경성은 야츠갯벌에 철새들이 모여들자 이곳을 1988년 조수보호구 특별보호지구로 지정했다. 홋카이도 구시로에서 람사르협약 당사국 총회가 개최되었던 1993년에 람사르보호지역이 되었다.

1994년 개관한 야츠갯벌자연관찰센터는 시로부터 예산을 지원받고 시민들로 구성된 위원회가 직접 운영한다. 직원 15명과 자원봉사자 100여 명이 활동하며, 연간 4만여 명이 센터에 방문한단다. 이렇게 센터가 유명해진 것은 다양하고 알찬 프로그램과 모범적인 자원봉사자 관리 덕분이다. 자원봉사자들은 센터로부터 오로지 교

1 갯벌 매립 반대 당시 포스터. 이제는 매립 반대 운동의 상징이 되었다. 2 관찰센터 내부에서 갯벌을 가까이 관찰할 수 있다. 3 관찰센터 내부 전시물

통비만 지원받는다. 계절마다 야츠갯벌을 찾는 철새를 직접 그려보는 것처럼 특별한 안내 없이 방문객 스스로 할 수 있는 프로그램들도 있다. 사람들이 야츠갯벌을 찾는 것은 이 센터를 견학하려는 목적이 더 크다. 그만큼 방문객 센터 모델로 손색이 없을 만큼 모범적으로 활동하기 때문이다.

나라시노 시는 이 작고 기형적인 갯벌을 소중히 관리한다. 1997년에 시는 갯벌 보전에 있어서 시민들의 참여를 강조하고자 '야츠갯벌의 날'까지 만들었다. 또한 이곳으로 오는 철새가 출발하는 기점인 호주 크리즈멘 시와 자매결연을 맺는 등 국제보호활동에도 큰 관심을 가지고 있다.

1 수심이 얕아지자 먹이를 찾으러 고방오리들이 모여들었다. 2 하늘에서 본 야츠갯벌 모형

구로야마
전통지식 살린
고품격 민박마을

3일간 한 민박집에서 머물렀던 마루야마丸山 마을은 효고현兵庫縣 단바 지역 사사야마 시篠山 市의 시골마을이다. 효고현은 오사카 서쪽이고, 단바 지역은 현의 중동부에 위치하며, 현청은 고베에 있다.

현에서 가장 깊은 산골에 자리 잡은 마루야마丸山 마을을 찾은 이유는 두 가지였다. 하나는 이 마을을 고품격 생태관광 지역으로 추천받아서이고, 다른 하나는 일본 정부가 세계적으로 전파하려던 사토야마里山라는 전통 생태지식의 실체를 알고 싶어서다.

사토야마의 사토里는 전원마을, 야마山는 산을 의미하며 사토야마는 농촌이나 산촌마을을 말한다. 경관이 아름답고 경작지가 있어 살기 좋은 마을 주변에 산이나 언덕이 있는 전통 농촌을 상상하면 된다.

일본 정부가 왜 이런 보통 마을에 주목했을까 의아하던 차에 마을주민들이 기본적으로 주변 산과 자연에 의존하고 살았다는 것을

청결하고 소박한 민박 주방

알게 되었다. 산은 먹을거리, 연료, 집을 지을 목재를 제공했으며, 나뭇잎은 비료가 되어 농토를 살찌웠다. 그래서 주민들은 산을 지키고 아낄 수밖에 없었다. 그런 생활과 지식으로 지금까지 자연을 지켜온 것이라 믿기 때문이었다.

순선환 구조란, 생태계가 사람들에게 각종 혜택을 제공하고, 사람들은 자연을 잘 보전해 혜택이 지속되게 하는 것을 말한다. 학자들은 이 농촌이나 산촌에 그러한 순선환 구조가 있다는 것을 발견했다. 그러니까 산, 농지, 사람들이 서로 생태적으로 의존하며 생태계와 경관을 유지해 온 것이다.

일본 정부는 이렇게 자연을 현명하게 활용한 지식을 전통 생태지식으로 정의해, 이 개념이 자연보전의 핵심이라고 판단하고 세계적으로 널리 알리려고 한다. 게다가 사토야마에 큰 연구비까지 투자해 오고 있다. 문제는 이런 마을들이 도시 가까이에서는 이미 다 사라졌고, 깊은 산골에나 일부 남아 있다는 점이었다.

마루야마나 사사야마 등 이 지역 이름들도 산골을 의미하는 듯하다. 마을 안내인에게 사사篠가 무슨 뜻이냐고 물었더니 작은 대나무나 조릿대란다. 그러고 보니 산에 대나무가 많았다. 민박하기로 한 마루야마 마을까지는 읍내에서 택시로 약 30분 거리였다. 일주일에 금요일 오전 한 번 버스가 들어오는 곳이라 나머지 날에는 다

1 마루야마 마을 전경 2 민박집으로 오르는 길

른 이동수단이 없었다.

마을에는 일본식 가옥 12채가 있으며, 주민은 고작 19명이었다. 대부분 할머니들이고, 20대 젊은이가 둘, 어린이들은 없었다. 마을에 고급 식당이 두 곳이나 있어서 특이했는데, 소바^{메밀국수} 전문 식당은 식구 다섯 명이 함께 운영했고, 프랑스요리점은 셰프가 주인이었다. 식당에 직원이 셰프 뿐이니 손님이 오면 마을 젊은 여성이 가서 서빙을 한다. 두 식당에서는 유기농 재료와 이 마을에서 생산되는 재료만을 사용한다. 그래서인지 이 지역 음식을 찾는 손님들이 많아 예약 손님만 받는단다. 이들을 빼면 주민 수는 더 줄어든다.

민박집은 두 채로 지은 지 오래된 전통 민가였다. 우리나라 종갓집 같은 품격을 갖추고 있어 집도 큰 편이고, 아주 정갈했다. 최근 리모델링했는데 외형은 그대로 두고, 세면장과 화장실 같은 편의시설만 바꿨다. 주인은 마을에 살지 않아 매일 이른 아침 마을주민들이 아침식사 준비를 해주었다. 투숙객은 주인이 사용했던 집안 용품이나 식기들을 그대로 사용했다. 집안 곳곳에서는 유명작가의 그림이나 도자기 작품을 볼 수 있었다. 민박집 주변은 잘 정돈되었고, 일부러 낡은 것을 치우거나 장식한 흔적은 보이지 않았다. 숙박비는 꽤 비쌌지만 마치 시골 고향집처럼 편안했다.

마을에는 작은 하천과 농수로가 여러 개 있으며, 오래된 실개천

1 옛 건물을 개조해서 만든 마을방문객센터 2 마을 주민들이 차려준 아침 식사

처럼 보였다. 개천은 물고기가 훤히 들여다보일 정도로 맑았다. 개천 주변에는 퇴비로 쓰려고 재를 쌓아둔 오래된 토담 창고들이 몇 개 있었다. 숲이 울창한 야산 경사면에는 산사태를 예방하려고 대나무 목책을 세웠다. 야생동물들이 많아서인지 집과 논, 밭마다 이들을 막기 위해 그물이 쳐놓았다. 특히 사슴들이 농작물을 해치고, 멧돼지도 많다고 했다. 소바 전문 식당 메뉴 중에 사슴고기가 있는데, 특정한 시기에 사슴을 일부 사냥할 수 있단다.

마을에 머물렀던 마지막 날에는 마을주민들이 모두 모여 가져온 음식으로 잔치를 열었다. 일 년에 몇 번 없는 일이라는데 우리에게 짚신 체험을 하게 해준 최고령 할머니는 내내 울먹였고, 떠나는 날에는 우리가 안 보일 때까지 손을 흔들었다.

실개천을 따라 느릿느릿 걷는 것이 이 마을 생태관광에서 큰 비중을 차지한다.

스즈쿠이시
산속 힐링도시를 꿈꾸는
겨울 여행지

스즈쿠이시는 선거로 단체장을 선출하는 가장 작은 행정단위 초町이며, 인구 2만 정도인 작은 시골 도시다. 기우제 우雩에 돌 석石자를 적고 스즈쿠이시라고 발음한다. 스즈쿠雩를 분자해 보면 비 우雨와 아래 하下로 기우제를 뜻하며, 여기에 돌 석石자가 더해져 어떤 의미를 지니는지 궁금했다. 이곳 단체장인 초초町長는 물방울이 돌에 떨어질 때 울리는 똑, 딩, 동 같은 맑은 소리를 뜻한다고 설명했다. 맑은 물이 흐르는 깊은 산골 도시다운 이름이었다.

인천에서 스즈쿠이시로 가려면 일본 동해안 센다이仙台 공항과 서해안 아키타秋田 공항 둘 중 어느 곳으로 가도 시간이나 거리에 큰 차이가 없지만 쓰나미 피해를 입은 지역을 둘러보려고 센다이 노선을 택했다. 쓰나미는 센다이가 있는 미야기 현과 좀 더 북쪽에 있는 이와테 현, 남쪽 후쿠시마 현을 덮쳤다. 후쿠시마에서는 끔찍한 원전사고도 있었다. 스즈쿠이시는 이와테 현에서도 북동쪽에 있어 후

1 스즈쿠이시 스키장들은 일본에서도 가장 인기가 좋아 겨울철 관광객이 많았다.
2 눈 덮인 농장 3 스즈쿠이시는 눈이 많은 고장이다.

139

쿠시마와는 300킬로미터 정도 떨어져 있는데도 관광객이 크게 줄어들었다.

스즈쿠이시는 일본에서 손꼽히는 겨울 여행지다. 유명한 스키장이 세 곳이나 있고, 그중 한 곳은 세계선수권대회가 열렸다니 우리나라 평창 같은 곳이다. 안내자는 다른 곳과 달리 스즈쿠이시에 내리는 눈은 입자가 작고 폭신한 솜사탕 같다고 설명했다. 겨울이 성수기이지만 사계절 내내 바빠, 큰 호텔과 고급 펜션이 많다.

그러나 후쿠시마 원전사고 이후로 스즈쿠이시를 찾는 관광객이 줄어 이곳 사람들은 걱정이 많았다. 어떤 이는 관광객이 80~90퍼센트까지 줄었고, 특히 외국인 관광객은 거의 오지 않는다고 했다. 국내 관광객까지 크게 줄어, 한창 붐벼야 할 스키장도 한산했다. 그래서 대형 호텔들이 가격을 내리니 작은 펜션들과 민박까지도 손님이 줄었다. 원전사고가 난 지 3년이 지났지만 여전히 지역경제가 어려워 사람들은 미래를 불안해했다.

이에 대한 단체장 초초의 대안은 간단명료했다. 도시를 이름처럼 더 자연스럽게 만드는 것이었다. 부자연스러운 도시의 미관을 걷어내고 지금보다 더 안전한 자연과 편안한 삶을 강조해 사람들이 이곳에서 휴양하게끔 하는 것이다. 온천 지열을 이용해 저에너지 마을을 만들 계획을 세워, 원전사고 피해를 입은 해안지역 주민 660

오래된 벚나무가 있는 설경은 일본 최고의 겨울 풍광을 자랑한다.

여 명을 이주시키기로 했으며, 겨울에는 전국 고교스키대회를 개최했고, 전국 자전거대회를 새롭게 구상하는 등 다양한 이벤트도 기획 중이다.

도시 내 생태농장 고이와이小岩井는 올 겨울, 눈 축제를 다른 해보다 더 각별하게 열었는데, 자그마치 30만 명이 방문했다. 120년 전, 온통 자갈밭이었던 황무지를 숲과 대나무 농장으로 개발한 이곳은 면적 3천헥타르, 길이 13킬로미터이며, 직원 400여 명이 근무한다. 소와 닭, 양을 키우고 임업도 하며, 기념품 매장에서는 이곳에서 생산되고 만들어진 것을 파는데, 가짓수가 줄잡아 백가지를 넘는다. 비싼 유기농 계란 한 개가 5천원이 넘는데도 잘 팔리고, 연간 방문객도 200만 명이나 된다.

농장체험은 농업과 목축뿐만 아니라 숲속 곤충이나 새들도 볼 수 있었고, 분뇨로 전기를 생산하는 곳들을 둘러보는 것도 포함한다. 100여 년 전, 처음 농장을 건립했을 때 지은 오래된 목조건물을 여전히 사용하며 관광 소재로도 활용하고 있다. 어떤 건물은 지역 문화재로도 지정되었다. 이 농장은 자연에서 문화까지 아우르는 생태관광을 잘 보여주며, 농장 관리 책임자는 일본 환경청에서 준 일본 최고 생태관광지라는 인증을 은근히 자랑했다.

고이와이 농장에서 생산되는 상품 판매장

나루꼬

나무인형,
마을의 상징이 되다

　일본 동북東北, 도호쿠 지방은 혼슈 동북부 아오모리 현, 이와테 현, 미야기 현, 아키타 현, 야마가타 현, 후쿠시마 현을 일컫는다. 면적은 전체 일본의 30퍼센트에 달하지만 인구는 1/10이 안되어 자연이 잘 보전되었으리란 걸 짐작할 수 있다. 그래서인지 이 지방에는 생태여행지가 많다. 물이 풍부한 하천과 평야, 높은 산악지역이 공존하는 곳으로, 질 좋은 일본쌀 주산지이자 스키장이 밀집된 관광지이기도 하다. 또한 이곳에는 온천과 경관이 아름다운 호수 및 계곡이 많고, 세계자연유산으로 지정된 삼림지대도 있다

　이중 미야기 현 나루꼬鳴子는 동북지방 내륙 산 속에 자리 잡은 마을이며, 나루코 온천은 동북 지방 3대 온천 중 하나다. 단풍이 아름다운 가을철에는 산행 후에 온천을 즐기러 관광객들이 몰려든다. 온천 효능이나 수질 좋기로 정평이 나 있으며, 다양한 수질을 한 곳에서 경험할 수 있는 온천 백화점과도 같은 곳이다.

1 나루코의 겨울 전경 **2** 작은 식당 입구에 목각 인형이 서 있다.

이 온천 마을 곳곳에는 큰 인형들이 장승처럼 서 있는데 집이며 호텔, 하물며 작은 가게에 이르기까지 인형이 없는 곳이 없다. 여관 직원에게 물어보니 그 인형은 '고케시'라는 목각 인형으로 동북지방 특산품이자 마을의 상징이었다. 나무로 둥근 머리와 원통형 몸매를 매끈하게 깎아 그 위에 얼굴과 복장을 채색한 것으로, 여관 직원은 나루코지방 고케시가 최고라고 자랑했다. 그러고 보니 여관 한쪽에는 동북지역의 다른 지방에서 만든 것을 포함한 인형들이 많이 전시되었는데 모양이나 색상이 비슷비슷해서 처음 보는 사람은 우열을 가리기 힘들었다.

나루코에서는 고케시를 본뜬 형태로 과자나, 갖가지 기념품들을 만든다. 마을 가옥들에서도 고케시 문양이 보이는 걸 보면 고케시에 대한 마을사람들의 자부심과 사랑이 대단하다. 산림자원이 풍부한 산촌마을에서 아이들 장난감으로, 때로는 외부로부터 고립되었을 때 시간을 보내려고 만들기 시작한 것이 고유한 전통문화가 되었다.

관광지의 상징은 여행자에게 관광지를 떠올리게 하고, 여행의 기념이 되기도 한다. 그래서 관광지들은 상징을 만들어, 이것을 디자인이나 광고 등에 다양하게 활용해 홍보 효과를 높인다. 관광 상품으로 만들어 팔거나, 고케시를 만드는 체험처럼 상징 자체를 관

1 잠옷에 새겨진 고케시 문양 2 지역 초등학교 학생들 미술 작품 속의 고케시 3 나무로 만든 고케시 인형 기념품

광프로그램으로 만들기도 한다. 그러면 마을을 방문한 사람 누구나 인형 하나쯤은 사가야겠다는 마음을 갖게 된다. 또 고케시 인형은 문양이 되어 포장지나 간판에도 쓰인다. 나루코에서는 맨홀 뚜껑에서도 이 문양을 볼 수 있다. 온천으로 유명한 나루코에서 고케시는 단순한 기념품이나 보조적인 존재가 아니라 나루코 마을 그리고 온천 그 자체가 된다.

1 온천 밀집지역 전경 2 고케시 문양이 들어간 선물용 과자 3 교통분리대에서도 고케시 인형을 볼 수 있다. 4 나루코 역 내부. 역이 전시장이나 공연장 역할도 한다.

오사카 도톤보리
광광객을 편안하게 하는
서민풍 거리

오사카에서 가장 북적거리는 곳, 도톤보리道頓堀에 들어서면 간판에서부터 압도당한다. 원칙이나 질서 없이 설치된 지저분한 간판, 건물 표면을 가득 메운 간판 등 마치 일관된 문화처럼 보이는 간판들이 도톤보리의 첫인상이다.

간판만이 아니다. 샌드위치맨들이 앞뒤로 여러 가지 문구가 달린 선전판을 걸치고 호객을 한다. 또 일본식 깃발들이 상점 앞에서 휘날리고, 수없이 많은 팸플릿들이 뿌려지기도 한다. 이 모든 것들이 간판과 더불어 스펙터클한 장면들을 연출해 낸다. 그래서 사람들이 유명 유적지나 고급 명품가보다 도톤보리를 더 오랫동안 기억하는 것일까?

도톤보리는 도톤보리천 주변에 형성된 거리다. 주 거리에서는 하천을 바로 볼 수 없지만 한 블록만 건너가면 높은 건물 사이로 흐르는 좁은 수로 같은 하천이 있다. 하천 다리는 이 거리의 출입구이

1 도톤보리에는 인기 있는 맛집들이 많다. 2 어수선한 간판들이 묘한 조화를 이룬다. 3 새 단장을 마친 도톤보리 천

자 만남의 장소다. 다리는 일본어로 바시橋라고 한다. 도톤보리천에는 16개 바시가 있으며, 그 중에서 잘 알려진 에비스바시는 도톤보리 중심부로 연결된다. 에비스바시를 난파다리라고도 하는데 '난파'란 젊은 남성이 거리에서 처음 본 여성에게 데이트 신청하는 행동을 일컫는 말이다.

또 이 다리는 젊은이들이 하천으로 뛰어내리는 장소로 유명하다. 오사카를 기반으로 하는 프로야구팀 한신 타이거즈가 우승한 날, 야구팬들이 축하의식으로 하천에 뛰어든 것이 시작이었다. 지금은 일본 축구팀이 선전하면 젊은이들이 모여 어김없이 물속으로 뛰어내린다. 그래서 요즘은 축구의 성지가 되었다.

그러나 정작 도톤보리를 유명하게 한 것은 맛집들이다. 미식 도시로 유명한 오사카에서도 이곳 음식 맛은 모두가 인정한다. 몇 년 전 한국에도 상륙한, 밀가루 반죽에 문어 조각을 넣어 구운 다코야키는 일본에서도 최고로 꼽힌다. 그중에서도 제일 소문난 집은 외관은 초라해 보여도 많은 사람들이 길게 줄 서서 기다렸다가 먹을 정도다. 회전초밥과 라면도 빼놓을 수 없다. 특히 긴류金龍 라면도 줄을 서야 먹을 수 있는 인기 있는 음식이다. 먹거리가 있으니 자연스레 볼거리와 즐길 거리들도 모여 있다. 최근에는 오래되고 낡았던 도토보리천 양안도 단장을 시작했다. 이처럼 도톤보리는 서민풍 거리를 강조해 오사카 최대 관광지가 되었다.

1 도톤보리는 다코야키로 유명하다. 2 문어 조각을 넣어 구운 다코야끼 3 맛집 입구에서 길게 줄 서서 기다리는 재미도 있다.

단동
압록강
하구 도시

　만사를 제치고 대련 한·중 황해 해양보호구역 회의에 참가신청
을 했다. 독특하고 생산력이 높은 황해 보전 자체에도 관심이 많았
지만 일정 중에 압록강 하구에 위치한 단동丹東 시 방문이 있었기 때
문이다. 압록강 하구는 언제나 가장 여행하고 싶은 곳 중에 하나였
다. 우리나라에서 가장 긴 강이어서 그 하구가 늘 궁금했고, 아울러
북한의 하구와 갯벌도 볼 수 있을 것 같아서다. 이전 만주 여행 때
집현에 들렀을 때 압록강은 잠시 보았지만 하구나 갯벌은 보지 못
해 늘 미련이 남아 있었다.

　대련에서 단동으로 가는 버스여행은 처음부터 아쉬움이 많았다.
회의에 참가한 사람들이 모두 함께하는 여행이어서 보고 싶은 곳이
있어도 그 때마다 서달라고 부탁할 수가 없었던 까닭이다. 하긴 그
럴 때마다 선다면 이박삼일 일정으로 오가는 시간도 부족할 터였
다. 차창 밖으로 작은 농촌이나 어촌에 사는 사람들의 모습을 바라

단동 번화가 거리 풍경

볼 수밖에 없었다.

압록강 하구에 위치한 중국 쪽 도시 단동까지는 대련에서 쉬지 않고 달리면 약 4시간 거리다. 도시를 벗어나자 두 시간 이상 옥수수밭이 있는 한 가지 풍경만이 펼쳐졌다. 큰 산도 없이 그저 드넓기만 한 평원은 끝이 보이지 않았다. 우리 선조가 이 기름진 땅에 문화를 이루고 말을 달려 적들과 평원의 주인을 가리는 쟁투를 벌였다는 것을 생각하니 보는 것만으로도 가슴이 벅찼다.

단동 쪽으로 다가가자 바다 풍경이 자주 나타났다. 압록강에서 내려온 퇴적물이 쌓였을 것으로 생각되는 갯벌이 보이기 시작했고, 그 주변으로 우리의 새우 양식장처럼 네모난 인공 웅덩이들이 끝없이 이어졌다. 어림잡아 50~60킬로미터는 되어 보였다. 알고 보니 주로 해삼을 양식하고, 바닥 흙 속에는 조개까지 양식하는 복합양식장이었다.

단동의 도심으로 가기 전 하구가 열리는 부분에 건설한 동항이 나타났다. 동항은 신단동항으로도 불렸다. 원래는 압록강 하류의 가장 큰 도시인 단동에 항구가 있었지만 큰 배가 정박하기에는 비좁고 물동량까지 급증하자 신항만이 필요했다. 그래서 하구의 갯벌을 매립하고 항만과 공단, 배후 신도시를 건설했다. 시화호 간척사업 초기를 보는 것 같았다. 거리에서 나는 매캐한 냄새까지 비슷했

1 복합양식장에서 조개를 채취하는 사람들 **2** 신도시 건설에 밀려나 하천 수로에 늘어선 어선들

다. 도시 곳곳에 아직 갈대밭과 수로가 남아 있었다. 수로 한쪽에는 칙칙한 색을 띤 어선들이 정박해 있는데, 다른 한쪽에는 현대식 고급 호텔과 고층 건물들이 들어서 있으니 조화롭지 않았다. 평생 농사밖에 모르던 순박한 60대 농부에게 최신 유행의 양복을 입혀놓은 것 같았다.

하구에는 혁명적인 변화가 일어나고 있었다. 이름은 국가공원 national park이지만 우리나라의 국립공원 같은 자연생태계 보호구역이 아니라 중국 정부에서 경제적인 성과를 기대하는 공단지역이었다. 공식 이름은 국가급 원구 요녕동항재생자원산업원遼寧東港再生資源産業院. 공단지역은 계속 확장할 것이고, 그러면 언젠가 하구 외곽에 지정된 갯벌보호구역과 만나게 될 것이다. 안 그래도 관리가 제대로 되지 않아 위태롭게 보였던 보호구역이 이 개발의 열풍을 이겨낼지 걱정스러웠다. 우리나라에서 녹색성장이라는 미명하에 습지 보호구역을 위태롭게 하는 것처럼.

마지막 날 단동시내를 보고 대련으로 돌아갈 계획이었다. 동항의 공단지역을 막 벗어날 무렵 중국 친구들이 새를 가장 많이 볼 수 있는 곳이라며 공단 배후지역으로 보이는 곳에 차를 세웠다. 새가 정말 많았다. 3만 마리가 넘는다는데, 문제는 이 새들이 갈 데가 없어 모였다는 것이다. 끝이 안 보이는 공단이 바다와 갯벌의 연결을 차단하자 공단 뒤쪽 물이 일부 남아 있는 곳에 모여든 것이었다. 갯벌에서는

1 하구 갈대밭 배후에 신도시 건설을 위한 발전소가 보인다. 2 압록강 하구 갯벌을 찾은 새들

먹이가 줄고, 쉴 곳도 급격히 줄어드는 상황이어서, 수천 년간 이곳을 중간 기착지로 삼아 찾아왔던 나그네새들의 처지가 안타까웠다.

멀리 단동이 보이는 지점에서 또다시 버스가 섰다. 북한 사람들이 사는 섬을 보여주겠다고 했다. 섬은 중국 쪽으로 바짝 붙었으나 배가 다니는 수로는 북한쪽으로만 있었다. 즉, 섬 양쪽으로 물이 흘렀지만 마치 여의도처럼 좁은 쪽은 막혀 붙어버렸다. 한옥도 있고 빨래도 널려 있으니 사람들이 사는 것은 분명했다. 언젠가 신문에서 압록강 하구 북한 섬 하나를 중국에 임차한다던 것을 보았는데, 이 섬이 아니길 바랐다.

도시에 들어서자 도로 가장자리에는 2미터 정도 되는 담이 도시 전체를 둘러치고 있었다. 성벽이라고 하기에는 낮고 방범 벽이라고 하기에는 어딘가 어색한 이것은 강의 범람을 막는 벽이라고 했다. 단동과 신의주에서 홍수피해가 컸다는 올 여름 기사를 다들 본 터

1 국경을 나타내는 철조망 너머로 한옥이 보인다. 2 압록강 철교 3 철교 주변 상가들
4 한복을 입고 사진 찍는 중국 관광객들

라 현지 과학자들에게 그 가족들의 안부를 물었다.

압록강 대교가 보였다. 가슴이 벌렁거렸다. 이제 강이 제 본색을 나타냈다. 힘차게 흐르는 압록강은 누런 탁류였다. 강에는 국경이 없어서 배를 타고 싶었는데 모두들 적극성을 보이지 않았고, 중국 과학자들은 계속 3~4명이 같이 다니라고 주의를 주는 바람에 결국 끊어진 압록강 철교에 올라가 보는 것으로 위안을 삼았다.

넓은 강은 역사의 진실을 알겠지만 말이 없었다. 철교 위에는 중국의 전쟁 영웅들과 정치인들 사진이 가득 붙어 있었다. 강바람은 시원했지만 답답함까지 실어가지는 못했다. 대교를 내려서자 북한 우표를 파는 사람들, 작은 좌판을 벌린 사람들, 한복을 들고 중국 관광객에게 한복 사진을 찍어주는 사람들이 있었다. 모두 조선족이라고 불리는 한민족이었다. 우리와 닮았지만 너무나 다르게 보이는 그들을 보면서 내내 가슴이 아팠다.

남이섬
발상의 전환 돋보이는
발칙한 상상나라

남이섬은 스스로 2008년에 독립한 독립국가라 말한다. 대한민국 식민지이지만 문화적으로는 자주국가라 한다. 자체 문자도 있고, 법도 있다. 나라를 움직이는 대통령과 대통령을 돕는 명목상 장관들도 있다. 입국할 때는 여권이 필요하고 중앙은행에서 발행하는 화폐도 있으니 실제 독립국인가하고 사람들이 헷갈릴 만하다. 남이나라 수도는 연간 200백만 명 이상이 방문하고 수백 명 이상이 이곳에서 상주하니 도시라고 할 수 있다.

남이나라는 상상나라라고도 한다. 그만큼 다른 나라에서는 볼 수 없는 엉뚱한 상상으로 만들어진 나라이기 때문이다. 우선 쓰레기가 없다. 한 때 이곳은 사람들이 엠티나 수련회 목적으로 많이 찾던 곳이었다. 그래서 그들이 떠나고 나면 각종 쓰레기가 가득했다.

쓰레기를 치우려면 직접 섬 밖으로 가지고 나가야 한다. 소주병도 마찬가지다. 이런 점을 착안해 소주병을 예술품이나 선물용 상

남이나라 최고 번화가의 식당가. 소주병 트리가 보인다.

품 그리고 건축용 벽돌로 만들었다. 발상의 전환이었다. 남이나라에서는 이러한 발상의 전환을 곳곳에서 볼 수 있다. 듣기는 쉬워도 실천하기는 결코 쉽지 않은 일이다.

강우현 씨는 이곳 사장이자 대통령이다. 그의 집무실은 사무실이자 작품 제작실이고, 도시 기획 본부이기도 하다. 그의 방은 잡다한 물건들이 가득했지만 쓸모없는 물건들은 하나도 없어 보였다. 집무실 뒤편에는 고풍스러운 한옥 건물 한 채가 있는데 그 건물도 버린 것들을 가져와 만든 것이라 했다.

낙산사 화재로 주변 소나무 숲이 함께 불탔는데 그 소나무를 다 버린다기에 가져와서 까맣게 그을린 표피를 제거해 기둥으로 썼다고 한다. 뿐만 아니라 지붕 기와는 한 사찰에서 새 지붕을 이을 때 버린 기와를 가져온 것이고, 돌 축대는 중국에서 거저로 가져온 것이란다. 누군가 혹은 어느 기업이나 지자체가 버리는 게 있다는 소식만 들으면 어김없이 달려가 가져왔다. 지난 가을 서울 송파구에서 골칫덩어리였던 은행나무 낙엽을 가져와 바스락 소리가 나는 산책길을 만들어 낭만적인 분위기를 연출하기도 했다.

기증을 받아내는 방법도 탁월하다. 외국 손님, 특히 외국대사들이 자주 온다는 점에 착안해 어린이 도서 박물관인 안데르센 홀을 만들어 놓았다. 그곳에 여러 나라 국기와 국가별 책장을 만들어 두

1 강 사장이 집무실에서 남이나라에 대해 설명하고 있다. 2 은행나무 낙엽으로 만든 하트 3 남이섬은 자유로운 예술의 전시장이다.

165

었다. 어느 나라 사람들이 이곳에 왔다가 자신의 나라 책이 없으면 보내주겠다는 약속을 하고는 했다. 많은 나라의 책장을 그런 식으로 채웠다고 한다. 우리나라 지자체들도 이런 방식으로 여러 가지를 무료로 보내거나 만들어주었다. 농부들을 보내어 농사도 지어주고, 단양군은 작은 호수와 도담삼봉을 제작해 주었다. 여러 지자체가 이런 식으로 남이섬이 유명 관광지가 되는 데 기여하고 남이나라를 통해 자신의 고장을 홍보했다.

2000년에 남이섬을 운영하는 회사가 이름을 (주)남이섬으로 바꾸어 변화를 주었지만 어려운 사정은 마찬가지여서 그 이듬해에 현재의 강 사장을 초청했다. 당시 회사 남이섬의 재정 상태는 최악이었다. 빚도 많았고, 직원은 26명밖에 남지 않았다. 내방객은 일 년에 20여만 명에 불과했다. 디자이너였던 강 사장은 초청에 응하면서 회사 오너에게 일 년간 월급 100원 만 받는 대신 섬 일에 간섭하지 말아줄 것을 요청했다.

강 사장은 남이섬 홍보에 주력하는 한편, 소주병 같은 쓰레기를 이용해 건물을 디자인하는 등 섬을 운영할 다양한 소재를 발굴했다. 직원들에게는 80세까지 정년을 보장하되, 55세 이후 임금 피크제를 적용했다. 방문객은 지속적으로 늘어났고 디자이너의 머릿속에서는 아이디어가 끊임없이 샘솟았다. 자본주는 지금까지 한 번도

1 안데르센 어린이도서관 내부 **2** 화장실 내 소주병 장식

남이섬 운영에 참견하지 않았다. 이렇게 해서 강 사장이 온 지 일 년 만에 57만 명이 남이섬을 방문했다.

㈜남이섬은 10년 만에 남이나라가 되어 부채도 다 갚고 수백억 원의 수익을 올리는 수도권 최고 관광지가 되었다. 지금은 직원들 뿐만 아니라 이웃 주민들까지 배려한다. 생존을 넘어 이웃과 함께 발전하는 남이나라의 새로운 10년이 시작되고 있다.

순천
열린 자연경관에
승부를 걸다

순천시는 한때 호남 동남부권 교통 중심지이자 교육도시였다. 큰 지방 도시들이 그렇듯이 순천의 역사도 길다. 그러나 이웃한 여천이 대단위 산업단지가 생기면서 시로 승격되더니 다시 여수와 통합되어 여수시가 되었다. 자연히 그쪽에 일자리도 많아지고 도시 재정도 좋아졌다. 여수에는 전남대학교도 있고, 게다가 해양엑스포 개최 도시로 선정되었으니 인구가 여수로 이동하는 것은 자연스러운 일이었다.

이에 반해 순천시는 도시 브랜드를 자연으로 정해 순천만과 주변 자연을 순천시의 상징으로 만들고자 했다. 그리고 나서 순천시 스스로를 한국의 '생태수도'라고 선언했다. 정확하게 말하면 생태수도가 될 것을 다짐했다.

순천시가 이렇게 새로운 시도를 하려던 당시, 순천만은 습지보호구역으로 지정된 지 2~3년밖에 안되어 지명도가 약했다. 게다가

용산에서 내려다 본 동천 하구와 순천만

시민들도 순천만 갈대밭과 갯벌을 중시하려는 순천시의 시도에 그렇게 우호적이지 않았다. 순천만은 도심을 지나는 동천 하류에서 여자만이라는 큰 만의 북쪽 일부를 차지한다. 동천 하류에는 물길을 따라 사행하는 수로가 있고 드넓은 갈대밭과 갯벌이 있다. 바다 쪽 가장자리에서 갈대는 미스터리 서클처럼 원형으로 자란다. 앞산인 용산 꼭대기에 내려다보면 그 모양이 환상적이다. 사시사철, 아니 하루 중에도 태양 위치에 따라 색이 달라진다. 그래서 이곳은 자연사진 애호가들이 최고로 좋아하는 장소가 되었다.

또 보호된 갯벌은 사람들이 좋아하는 철새들 서식지였다. 예전보다 새 종류와 수가 늘어나고 있었다. 일 년 내내 철새를 볼 수 있고 봄, 가을에는 도요물떼새가 많다. 특히 겨울이면 오리, 기러기를 비롯한 다양한 철새들이 날아든다. 그러니 겨울에도 관광객들이 많이 찾아온다.

그러나 순천시는 갈대와 철새만으로 만족하지 않고, 순천만 하구 주변 농지에서 보이는 인공구조물을 최소화했다. 우선 하구에 있는 식당들을 배후지역으로 옮겼다. 당연히 주민들로부터 반발이 있었지만 수많은 대화로 해결했다. 다음은 농지 주변에 세워진 전봇대 282개를 제거했다. 농지는 겨울철에 흑두루미가 도래하던 곳으로 흑두루미는 추수 후, 논에 남은 벼 낟알이나 벌레들을 먹기도 하고 그곳에서 휴식을 취했다. 그런데 전봇대 때문에 희생이 컸다. 또 열린 경관을 방해하는 요소인 전봇대를 전부 없앤 것이다. 그리고 농지 옆 폐기물 적치장으로 쓰이던 곳을 인공 습지로 조성했다. 농지에서는 유기농으로 농사를 짓게 하고, 수확한 쌀 반은 새들에게 주고 나머지 반은 '흑두루미 쌀'로 이름 지어 다른 쌀에 비해 약간 비싸게 판매했다. 쌀은 인기가 좋았다. 순천시는 예전보다 농부

1 해마다 순천만을 찾는 흑두루미가 늘고 있다. 2 순천만은 해설체계가 잘 갖추어져 있다. 3 겨울철은 관광 비수기지만 순천은 예외다.

들 수익이 더 늘어나도록 지원하기도 했다.

그 후 6~7년 만에 흑두루미 수가 매년 빠르게 증가했고, 순천만에 시원하게 열린 경관이 펼쳐지게 되었다. 둘 다 예상한 것보다 훨씬 큰 성과였다. 순천만에 들어서면 속이 후련할 정도로 눈에 걸리는 것이 없으니 사람들은 순천만을 좋아하게 되었다.

또한 겨울에 오는 흑두루미가 1996년에 79마리였던 것이 2010년에는 525마리로 늘었다. 관광객도 2002년 10만 명에서 2010년에 300만 명에 육박해 약 30배가 늘었다. 주말이면 방을 구하기가 어렵고, 식당에도 예약이 밀려들었다. 주변 마을도 예쁘게 단장했으니 주민들 불만도 사라져갔다. 국내·외에서도 찬사가 이어져 세계적

동천 하구에서 순천만으로 유람선이 오간다.

으로 유명한 관광잡지들도 순천만을 주목했다. 그렇게 되자 중앙정부 지원도 늘어났다. 자신감을 얻은 순천시는 도시계획을 다시 세워 순천만 일대를 자연생태계 보전지역으로 만들고 도심과의 사이에 완충지대를 두어 인위적인 훼손을 막았다. 도시계획을 통해서 자연을 지키려는 장치를 공고히 하려는 것이었다.

순천시는 자연환경의 긍정적인 기능에 대해 믿음을 가지고, 자연과 사람이 조화롭게 공존할 수 있다는 것을 증명했다. 순천시민들은 자연이 도시의 자산 가치를 높이고 시민들 삶의 질도 향상시킨다는 것을 깨달았다. 그러자 순천에서 살려고 오는 사람들도 점차 늘어나기 시작했다.

안동
음식문화가
전통 도시를 살린다

안동은 양반을 많이 배출한 도시, 세도정치와 서원정치의 중심지, 하회마을 등으로 유명하다. 게다가 자연과 절묘하게 조화를 이루는 건축물로 잘 알려진 병산서원, 한국 유교문화의 본산인 도산서원, 퇴계 이황이 걸었다는 옛길, 우리나라 최고 목조건물이 있는 봉정사, 전통을 전승해오는 양반가 종택들 등 열거하기 벅찰 정도로 볼거리가 많다.

이렇게 볼거리만으로도 충분해, 먹을거리에 대한 기대는 별로 없었다. 무뚝뚝한 안동 사람들은 수다스럽게 지역의 유명한 요리에 대해서는 결코 홍보하지 않는다. 그래서 안동에 먹을 만한 것은 간고등어와 안동소주밖에 없다고 생각했다.

그러나 안동음식에 관심을 가지게 되면서 생각이 달라졌다. 인터넷에서 '안동'을 검색하니 열다섯 개 단어가 뜨는데 그 중 두 개가 안동찜닭에 관한 것이었다. 다시 '안동 먹거리'를 검색하니 온통 안

1 안동에서 잘 알려진 농암종택 2 봉정사 전경

1

2

동찜닭 일색이었다. 그때부터 안동음식에 대해 다시 찾아보기 시작했다.

안동에는 안동찜닭 외에도 헛제사밥, 간고등어정식, 건진국수, 조밥칼국수, 안동식 한우요리, 종가댁 정식, 안동식혜 등 정체성을 가진 요리들이 무수히 많았다. 안동은 분지이기는 하지만 논보다 밭에서 나는 곡식이 많은 고장이고, 유교 문화가 특별히 발달해 소박하고 검소한 양반 댁 음식이 아직도 잘 전승되고 있다.

현재 안동음식문화는 콩 같은 밭곡식과 분지에서 자란 육류 등 자연환경에서 유래된 음식, 유교문화를 알 수 있는 제례음식, 안동찜닭처럼 새롭게 개발된 음식 등 세 종류로 구분할 수 있다. 안동시 남문동에 있는 구시장 골목에는 유명한 찜닭골목이 있고 안동댐 근처에는 간고등어 식당들이 줄지어 있다. 안동역 근처에 있는 음식 골목에서는 한우요리를 맛볼 수 있다.

이렇게 안동음식이 맛의 본고장 전라도와는 완연히 다른 맛과 멋을 가지고 있는 것은 결코 우연이 아니다. 아시아 최초로 여성 저자가 기록한 조리서 음식디미방飮食知味方이 바로 안동 양반가에서 나온 것이기 때문이다. 이 책은 1670년현종 11년에 정부인貞夫人이었던 안동 장씨安東 張氏가 썼다. 음식디미방은 최초로 한글로 쓰인 조리서이기도 하다. 백과사전에서 찾아보니 '디'는 알 지知의 옛말, '지미

1 갓 요리한 찜닭 2 안동찜닭 골목. 한겨울 평일에도 찾는 사람이 많고, 전국에서 주문이 줄을 잇는다.

방'은 '음식의 맛을 아는 방법^{아마 맛있는 음식 만드는 방법}'이라는 뜻이라고
한다. 예로부터 전해오거나 저자 스스로 개발한 음식과 양반가에서
먹었던 각종 특별한 음식들의 조리법들이 적혀 있고, 가루음식과
떡 종류, 어육류의 조리법, 각종 술 담는 방법을 자세히 기록하고 있
다니 대단한 책이다.

이처럼 안동 지명도는 음식문화가 높이고 있다. 이제 안동으로
음식문화 여행을 다시 떠나야 할 것 같다. 안동시는 음식문화에 초
점을 맞춘 관광을 개발해야한다. 지역 전통문화는 여행의 바탕이
되지만 음식은 여행을 풍요롭게 만들기 때문이다.

어느 종갓집 장독대

통영
소박한 변신으로
젊은 도시가 되다

통영은 예술의 고장이다. 시인 유치환, 김춘수, 작곡가 윤이상, 소설가 박경리 등이 통영 출신이다. 그래서 시내 곳곳에 시인이나 소설가의 문학비가 있고 매년 국제 음악제가 열리기도 한다. 한국의 나폴리라고 할 만한 수려한 자연과 멋진 풍광이 이들에게 영감을 불어넣은 듯하다.

통영은 한려수도의 중심 항구다. 배를 타고 빼곡히 들어선 크고 작은 섬들을 지나 항구에 들어서면 건너편 언덕의 하얀 집들이 보인다. 그 집들은 여름에는 흰 벽과 작열하는 태양, 짙푸른 바다가 잘 어울려 이국적인 풍경을 연출한다. 그래서 그 집들에 사는 사람들의 어려운 생활과 상관없이 통영을 더 아름답게 장식한다.

바다에서 도시를 바라본 정면에는 작은 광장이 있고, 광장 건너편 오른쪽 언덕을 오르면 가파른 절벽에 다닥다닥 붙여지은 작고 오래된 집들이 있다. 이곳을 동피랑이라 한다. 좁고 구불구불한 골

1 담벼락이 흰색이라 벽화를 그리기 좋은 조건을 갖추었다.
2 아름다운 벽화는 방문객들을 즐겁고 편안하게 만든다.

목들이 미로처럼 얽혀 있고 대문 안으로 보이는 마당과 마루 역시 작고 아담하다. 동피랑의 '동'은 동쪽이고 '피랑'은 벼랑 또는 비탈을 뜻하는 경상도 방언이다.

이곳은 이순신 장군이 설치한 통제영統制營의 동포루東砲樓, 즉 포대가 있었던 자리였다. 이후 일제 강점기를 거치면서 마을이 조성되었으나, 최근 오래된 마을을 철거해 포루를 복원하고 주변에 공원을 조성할 계획이었다. 그러자 시민단체들로 구성된 지방의제 푸른 통영21이 〈동피랑 색칠하기- 전국벽화공모전〉을 열었다. 전국미술대학 재학생과 개인 등 18개 팀이 참여해 마을 곳곳에 그림을 그려 변신을 시도했다.

흰색 벽에 그려진 그림 소식이 입소문을 통해서 널리 퍼졌고, 동

1 골목에도 벽화가 가득하다. 2 동피랑 정상에서 내려다 본 통영항 3 해안에서 바라본 동피랑 언덕
4 통영의 대표적인 먹거리인 충무김밥

피랑은 통영 최고 관광명소가 되었다. 그러자 옛 마을을 보존해야 한다는 여론이 높아졌고, 통영시는 마침내 동피랑 마을 철거방침을 철회했다. 포루는 언덕 꼭대기에서만 복원될 예정이다.

가지각색 재미있는 담장 벽화를 보면서 경사진 골목을 한참 오르다보면 어느새 꼭대기에 다다른다. 정상에서는 통영 항이 한 눈에 내려다보이고 한려수도 한 자락도 감상할 수 있는 최고의 전망대이다.

동피랑에 벽화를 2년마다 바꾸기로 계획한 통영시의 과감한 결단은 '예술인 도시'라는 숨은 저력이 있었기에 가능했다. 이 저력이 오래된 해안도시의 이미지를 훨씬 젊게 만들어 지금 20대들에게 동피랑 마을은 통영의 상징이되었다.

울산
태화강에
연어가 돌아오기까지

20년 전, 울산 태화강 하구에서 수중 생물을 조사한 적이 있다. 바위에는 온갖 미끈미끈한 물체들이 엉킨 실타래처럼 붙어 있고, 물이 지저분해 수중 시야는 어둡고 냄새도 지독할 정도로 수질이 나빴다. 울산 몇몇 마을은 공해 문제가 심각하다는 소문이 돌던 때였다. 개발이 모든 가치에 앞서던 시대라 공공연하게 말한 적은 없지만 바다와 강의 속사정을 알고 바라본 웅장한 공장 시설들은 마치 암울한 지구의 미래 같았다.

그로부터 15년이 지난 2005년, 태화강에서 물 축제와 수영대회가 개최되었을 때, 태화강 수질이 2등급이라는 기사가 났다. 기사와 함께 실린 에코폴리스^{ecopolis} 울산이라는 홍보물을 보고 믿기지가 않았다. 그러나 울산시를 직접 방문하고 나서 생각이 바뀌었다.

울산시는 첨단 기술을 동원해 태화강 바닥에 쌓인 썩은 퇴적물을 준설하고, 도시 하수와 축산 폐수를 처리장으로 보내 더러운 물

맑은 물이 흐르는 태화강 상류

이 강으로 유입되지 않도록 조치했다. 이런 일들은 시민들의 협조 없이는 불가능하다. 울산시는 무수한 설득을 거쳐 시민들과 소통해 협조를 얻어냈다. 이러한 소통도 확고한 비전을 가지고 가까운 미래를 예측하면서 실현해나가지 않았다면 한낱 꿈에 불과했을 것이다.

이 수영대회를 기점으로 울산은 광역지자체 중에서 여러 차례 가장 살기 좋은 도시로 선정되었다. 2010년 울산시 일인당 개인 소득은 1천627만원으로 전국 1위였고, 전국 평균과 비교하면 300만원 정도 차이가 났다. 물론 좋은 일자리가 많고 임금도 상대적으로 높아 중산층이 두텁다는 분석이 있으나, 살기 좋은 도시의 평가에서 환경이 차지하는 비중은 결코 무시할 수 없다. 울산을 떠났던 시민들이 되돌아와 인구가 늘어나는 것도 일자리 때문만이 아니라 삶의 질 전반이 향상된 탓이다.

다시 5년이 지난 2010년, 참연어chum salmon가 태화강을 거슬러 올라오는 것을 보았다. 연어가 강으로 돌아온 것도 중요하지만 강이 총체적으로 되살아났다는 상징이자 증거여서 더 소중하다. 연어를 본 곳은 진로를 막고 인공수정을 시키기 위해 연어를 일시적으로 가두어 두는 곳이었다. 앞으로 연어들이 자연 상태에서 산란하고 수정해 부화하고 자라서 다시 바다로 돌아갈 수 있도록 강을 더 깨끗이 유지하겠다는 담당 공무원의 설명을 들으며 이제 강이 확

1~2 상류의 얕은 물길을 거슬러 오르는 연어

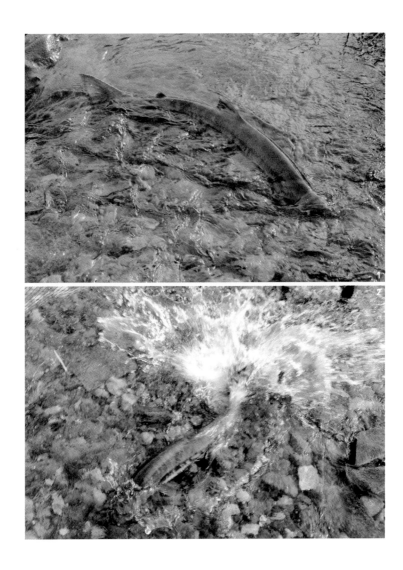

실히 살아났다고 확신했다. 어린 물고기가 바다로 나아가고 나중에 태어난 강으로 회귀하도록 하는 것이 진정한 하천복원인 것이다.

태화강 상류 수변은 특별한 공사나 치장한 흔적이 없었다. 연어가 돌아올 만큼 강물이 맑아졌으니, 개발로 사라질 뻔한 강변 대나무 숲 두 곳과 수변공원 한 곳을 살려낼 수 있었다. 숲과 공원은 개발이 강으로까지 확장되는 것을 차단하는 완충지대가 되었다.

이제 태화강 수질은 1급수다. 수질이 향상되자 400종 넘는 생물들이 돌아와 강에는 물고기가 넘쳐난다. 공원을 반대하던 주민들도 울산시 생태 정책에 지지하며 태화강 성공을 자랑하는 등 태화강은 시민들의 큰 사랑을 받고 있다. 울산시가 올바른 정책을 수립해서 이를 체계적으로 실행한 지 불과 10여년 만에 도시 이미지가 바뀌게 된 셈이다. 태화강 살리기는 생태계 복원이 도시의 새로운 가치가 될 수 있다는 것을 잘 보여주었다.

대나무 숲은 도시와 하천 사이에서 완충 역할을 한다.

고창
자연에서
성장동력을 찾다

　고창은 해안선을 따라가다 보면 전라북도 가장 남쪽에 위치한다. 남쪽으로 전라남도 영광과 이웃하고 북쪽으로는 전라북도 부안과 이어진다. 새만금간척지역 남쪽은 변산반도이고, 변산반도 남쪽 해안은 부안군으로, 부안군은 고창군과 곰소만을 공유한다.

　전북지역은 새만금 갯벌이 사라지고 나서 얻은 혜택은 현재까지 없다. 엄청난 예산을 들여 공사를 완료했지만 도민들에게 수익을 보여 주는 것은 아직 요원하다. 게다가 새만금 개발 권리도 중앙정부에 있어, 풍요로웠던 하구갯벌을 잃고 얻은 것이 하나도 없다. 곳간을 내주고 이제 후회해도 소용없는 일이 되고 말았다. 그래서 전국 최대 바지락 산지인 곰소만이 더 소중하다.

　고창군은 자연을 훼손하는 사업일 경우 확신 없이 절대 하지 않겠다는 것과 고창 브랜드 가치를 높이는 데 자연을 적극 활용하려는 전략을 세웠다. 아마 새만금간척사업을 보며 교훈을 얻은 듯하다.

잘 정비된 고창시내 전경

복분자는 1990년대부터 시작된 웰빙 토종식품 특화사업의 결과로 독자적인 시장을 개척하는 데 성공했을 뿐 아니라 고창을 알리는 대표선수가 되었다. 한 신문기사에 따르면 2009년 고창에는 5천여 농가가 1천304헥타르에 이르는 농지에서 1년에 복분자 5천~6천 톤을 생산하고, 복분자를 술, 음료, 한과, 잼, 장류 등 다양한 제품으로 상품화 해 연간 지역내총생산 1천380억 원 규모의 수익을 올린다고 한다. 또 고창군은 지역에서 생산하는 모든 농산물에 '황토배기'라는 공동 브랜드를 붙이고 이를 활용한 마케팅과 인지도 확대에도 노력하고 있다. 고창은 수박도 유명하며, 전국 최대 인삼 산지이기도 하다.

최근 고창이 눈에 띄게 변해가고 있다. 이제 고창에 들어서면 시원한 경관과 나름대로 세련된 도시 풍경이 보인다. 하지만 도시를 개발하는 데만 치우치지 않아 놀랍다. 고창읍성을 원형에 가깝게 복원하고 관리하자 성벽이 여러 야생식물들의 서식지가 되었다. 오래된 유적과 문화를 보존하면서 일제 강점기에 지어진 백 년 가까이 된 시내의 낡은 식당도 헐어내지 않고 군 문화재로 지정해 보호하기로 했다. 본래 모습을 버리지 않고 도시를 정비해 나가겠다는 의지로 보인다.

2010년에는 고창군 남단에 있는 구시포해수욕장에서 북쪽 동호

1 깨끗하게 단장된 고창읍성 2 97년 된 옛 건물은 지금도 식당으로 운영되고 있다.

1

2

해수욕장까지 6.5킬로미터나 되는 명사십리해안의 철조망이 철거되었다. 서해안에서 최고로 긴 모래해안이 열린 것이다. 보통 지방자치단체 같으면 개발에 열을 올렸을 텐데 고창은 개발보다 관리에 중점을 둘 계획이란다. 그래서인지 나무 펜스를 설치해 식물들이 자라도록 사구를 복원하고 있다. 자연의 가치를 이해하지 않으면 가능하지 않은 일이다. 아직 문제가 많지만 옛 새우양식장을 갯벌 생태계로 복원하는 계획도 중앙정부의 지원을 받아 추진 중이다.

고창 중심부를 가로지르는 인천강은 규모는 작아도 자연성이 매우 뛰어나다. 국립환경연구원에서 전국 하천 하구를 조사한 결과 인천강의 생물다양성이 가장 높았다. 그래서 고창은 풍천장어가 유명하고 지금은 재첩이 되살아나 매년 수확량이 늘어난다.

고창군은 열린 경관을 가진 자연의 가치도 이해해 청보리밭을 지역 관광자원으로 다양화했다. 이러한 노력으로 아직은 미미한 수준이지만 인구가 느는 고장이 되었고, 최근 통계에 따르면 귀농인구의 수도 전국 1위다. 내륙습지 보호지역인 운곡 산지습지와 인천강 그리고 고창갯벌은 곧 유네스코 생물권보전지역으로 지정될 전망이다2013년 5월에 지정됨. 이와 함께 자연을 성장 동력으로 삼으려는 고창의 브랜드 가치는 급상승할 것이다.

청보리 밭의 열린 경관

서천
해안개발 버리고
생태관광 도시로

　서천은 자연과 문화유산이 풍부한 아름다운 고장이다. 특히 서
천해안 어느 곳에서나 철새를 볼 수 있고, 마량리에는 국내 최고 동
백숲이, 신성리에는 넓고 아름다운 갈대밭이 있다. 긴 모래해안과
수산자원이 풍부해 해안 생태관광으로는 최적지다. 그러니 세계 최
고 생태도시를 목표로 하는 서천군은 생태관광, 특히 해안 생태관
광에 최선을 다할 수밖에 없다.

　금강하구에 위치한 섬 유부도는 행정구역상 서천군에 속하지만
군산에서 들어가는 게 시간이 훨씬 절약된다. 유부도로 들어가는
정기 여객선은 없고, 군산항 5부두 근처에서 어선을 타는 것이 빠르
다. 그것도 방문할 사람이 미리 섬 주민에게 연락하고 시간에 맞춰
배가 나와 주어야 가능한 일이다. 보통 선외기라고 하는 작은 배를
타고 10분이면 섬에 도착한다. 섬에는 큰 배를 댈 만한 포구도 없지
만 주민들이 하는 어업은 영세하다.

검은머리갈매기가 쉬고 있는 유부도 갯벌

최근 유부도는 국내에서 검은머리물떼새가 가장 많이 찾아오는 곳으로 유명해졌다. 검은머리물떼새는 철새들 가운데 크고 잘 생겼다. 한 곳에 몰려 사는 것도 아주 드문 일인데 겨울에는 수천 마리를 한 번에 볼 수 있는 장관이 유부도에서 펼쳐진다. 어떤 이들은 세계 최대라고도 한다. 늦봄에 알을 낳은 둥지도 관찰할 수 있다. 다른 철새들도 사시사철 볼 수 있다.

유부도 일대는 원래 장항산업단지가 들어서려고 했지만 참여정부 시절, 대통령과 서천군이 협의해 갯벌을 살려냈다. 새만금간척사업을 지속했던 부담을 덜고, 간척을 멈추는 상징적인 일이 필요했을지도 모른다. 결과적으로 갯벌은 살아났고 갯벌 일부분이 습지보호지역이 되어 람사르습지로 지정되었다. 생태적으로는 좋은 일이지만 군 입장에서는 산업단지를 대체해 주민들을 설득할 수 있는 대안이 필요했다. 그래서 국립생태원과 국립해양생물자원관, 장항산업단지보다 작은 생태산업단지를 내륙에 건설하게 되었다. 이것은 글쓴이가 제안한 아이디어였다.

서천은 서울에서 그리 먼 곳은 아니지만 일제강점기 이후 군산과 대조적으로 도시가 발전하지 못해 한때 가장 낙후된 지역으로 분류되었다. 대중교통도 장항선이 거의 유일해 교통 오지가 되어 인구도 늘지 않았다. 그래서 장항산업단지 조성은 서천의 희망이었

금강 하구에는 갈대밭이 많다.

고, 미래였다. 그러나 산업단지 조성계획은 일찌감치 확정되었지만 군산지역과 새만금에 밀려 추진이 계속 미루어져 지역사회의 불만도 적지 않았다.

갯벌을 살리는 결정이 결코 쉽지 않은 상황이었다. 그래서 서천 군은 갯벌을 매개로 한 지역발전 모델이 필요했다. 바로 생태관광이었다. 2011년부터 국내 최초로 생태관광과를 만들고, 본격적으로 추진했다. 국립 연구원이자 전시관인 두 기관과 시너지효과를 고려한 전략적인 결정이었다. 그동안 큰 변화가 없었기 때문에 시내 곳곳에 장항제련소와 장항역사 등 오래된 건물과 시설들이 보존되어 있었다. 군에서는 많은 비난에도 불구하고 오래된 건물을 구입하기도 했다. 문화보존의 가치를 인식한 것이었다. 이런 전략은 생태관광과 절묘하게 어울린다. 산업단지와 바꾼 생태관광, 서천의 핵심산업이 될 날이 멀지 않았다.

1 유부도에서 겨울 철새를 관찰하는 생태관광객들 2 유부도 철새를 소개하는 안내판

신안
섬갯벌에서
길을 찾다

　다도해 신안군 섬은 실제로는 1천25개지만 그중 작은 암초 21개를 제외하면 1천4개여서 '천사의 섬'이다. 이것은 한반도 서남단에서 섬으로만 이루어진 행정구역 신안군을 알리는 최고의 마케팅 전략이다. 전국 갯벌 41퍼센트가 전라남도에 분포하고, 그중 신안군이 15퍼센트를 차지한다. 이는 서울 면적 20배 이상이며, 유인도 72개는 각각 정체성이 강해 독자적인 문화와 전통을 가지고 있다. 신안은 소금에 대한 자긍심이 높으며, 요즘은 갯벌에 대한 강한 자부심을 보이고 있다. 그냥 갯벌이 아닌 '섬갯벌'이라는 브랜드를 만들었으며, 섬갯벌연구소까지 열었다.

　신안 섬들 중 하나인 증도에서는 작은 실험을 진행하고 있다. 다도해 주민들은 법이나 제도로 무엇을 지정하는 것에 거부감이 강하지만 증도 주민들은 설득이 가능했다. 우선 증도 바다와 갯벌을 보호지역으로 지정하고, 마을도 국제적인 네트워크를 통해 지명도를

신안군 섬마을, 옥도

높여 섬 지역의 수익을 올리게 만들었다. 그리고 이에 대한 주민들의 만족도는 대체로 높았다. 이렇게 해서 증도 갯벌은 습지보호지역과 유네스코가 지정하는 생물권보전지역, 람사르습지로 지정되었고, 마을은 슬로시티 Slow City가 되었다.

신안군은 보호지역 관리를 위해 증도의 변화를 이끄는 젊은 리더들을 현지에 정착시키는 한편, 행정 간섭은 최소화했다. 리더들은 지역 문화를 빨리 수용해 주민들의 신뢰를 얻는데 성공했고 주민 대표들도 신안군의 시도에 즐겁게 동참했다.

증도 우전해수욕장

섬 주민들은 지역 생태관광기업을 만들었다. 여름에만 집중되었던 방문객이 봄, 가을, 겨울에도 증가하기 시작해 연간 5만 명이던 관광객이 요즘은 80만 명으로 늘어나 기업을 만든 지 2년 만에 수익이 발생했다. 그러면서 국내에서 뿐 아니라 국제적으로도 증도가 알려지기 시작해, 최근에는 다도해 섬갯벌을 세계자연유산으로 신청했다. 이 모든 것이 불과 5~6년 만의 변화다. 지방정부나 지역주민들은 지나친 개발을 원치 않았다. 그래서 외지인들이 늘어나 조금은 번잡해졌지만 자연과 문화는 더 체계적으로 보전되고 있다.

증도항 주변 갯벌. 증도의 대표적 생물 짱뚱어와 농게를 볼 수 있다.

신안 정책결정자들은 "우리가 가장 많이 가지고 있는 것에서 길을 찾아야 한다."고 확신했다. 증도 주민위원회는 이곳 산물들로만 만든 로컬 푸드local food와 순비기 염색 제품, 건장 고추장 등을 개발했고, 지역 염전은 솔트레스토랑과 여러 소금 파생 상품들을 생산하고 있다. 주민들이 참여해 계획을 수립하고 실행하는 원칙을 지키자 큰 변화가 생겼다. 중앙정부는 지원을 더 해주겠다고 나서고, 관광 관련 기관들은 상호협력을 위한 협약서를 교환하자는 제안을 먼저 해왔다. 이제는 다도해 여러 섬들도 이러한 증도의 자발적인 변화에 동참하겠다고 나서고 있다.

1 증도에서는 매년 몇 차례 국제행사가 개최된다. **2** 증도의 전통음식 낙지호롱 **3** 증도에서는 슬로푸드 식당들이 생겨나고 있다.

삼청동
서울의 관광
아이콘이 되다

삼청동길은 광화문 앞 동쪽 사거리에서 북쪽 삼청터널로 가는 길이다. 삼청동은 예전부터 놀이와 산책을 즐기는 사람들의 거리였다. 위암 장지연 선생1864~1921은 「유삼청동기(遊三淸洞記)」에서 이 동네를 "삼청동 골짜기는 바위와 비탈이 깎아지른 듯 나무도 그윽이 우거진 속으로 높은 데서 흐르는 물이 깊은 연못을 짓고 다시 물은 돌바닥 위로 졸졸 흘러 이곳저곳에서 가느다란 폭포를 이루며 물구슬 마저 튀기고는 해 여름철에도 서늘한 기운이 감돌아서 해마다 한여름이면 서울 장안의 놀이꾼, 글 선비는 말할 것 없고 아낙네들까지도 꾸역꾸역 모여들어서 서로 어깨를 비빌 만큼 발자국 소리도 요란했다."라고 묘사했다.

산과 물이 맑고 인심이 좋아 삼청三淸이라 불렸다는 설이 있을 정도로, 삼청동은 예로부터 한성 안에서 이름난 가경으로 손꼽혔다. 뿐만 아니라 궁궐과 가깝고 자연도 아름다워 육조관아에 근무하던

삼청동 거리는 한옥과 서양식 건물들이 공존하는 곳이다.

관리와 세도가들의 집이 즐비했다. 1970년대 삭막하던 시절에도 이 거리에는 화랑들과 이름난 한식집들이 있었다.

광화문 쪽에서 삼청동길을 따라 걷다 보면 왼쪽은 경복궁 돌담이고 오른쪽은 화랑이 줄지어 서 있다. 화랑 거리는 옛 수도육군병원 터로 이어지는데 지금은 그 자리에 국립미술박물관을 새로 짓고 있다. 공사장을 둘러 싼 장막에 어지럽게 그려진 낙서조차 미술작품일 정도로 삼청동 거리가 갖는 문화적 의미가 크다.

예술장막으로 둘러싸인 공사장 오른쪽으로 꺾어지면 북촌길이다. 길 건너에는 여러 전시공간이 있는 갤러리 학고제가 있다. 길가 건물은 한옥이지만 새로 지은 건물은 현대식 건물인데도 두 건물이 조화를 잘 이룬다. 그리고 레스토랑이 있고 바로 삼거리가 나온다.

청와대 가는 길과 삼청동길 코너에는 북카페의 효시라고 할 수 있는 진선 북카페가 있다. 삼청동을 자주 찾았던 사람들이라면 한 번쯤은 들렀던 곳이다. 막연하게 이 거리를 찾은 사람들이나 인사동을 거쳐서 넘어온 사람들로 붐벼서인지 진선 북카페부터 터널 이전 마을버스 종점이 있는 약 1킬로미터만 삼청동길로 아는 사람이 많다.

삼청동 도로 양쪽의 경사로 보아 지금의 차도와 인도는 예전에 물이 흘렀던 골짜기로 추정된다. 언덕을 오르는 길은 좁고, 구불구

1 국립미술박물관 공사 장막 2 삼청동에는 작고 예쁜 가게들이 많다.

불한 옛 골목과 한옥들이 즐비해 운치를 더한다. 다양한 이름의 식당과 카페는 서양식이 대부분이지만 한옥 형태를 유지한 곳도 많다. 한옥 레스토랑에서 일식이나 이탈리아 요리를 팔기도 한다. 젊은이들이 많아 백화점보다 훨씬 싼 옷이나 가방, 구두 가게, 잡다한 장신구를 판매하는 미니 벼룩시장과 꽃집도 있다. 사람들은 단순히 예쁜 카페나 레스토랑에 가고자 삼청동 거리를 찾는 게 아니라 한옥과 좁은 골목의 자연미와 전통적인 문화의 풍미를 느끼고자 한다.

북카페를 조금 지나서 오른쪽 북촌5길을 따라가면 정독도서관과 인사동이 나오고 북촌길과도 마주친다. 북촌5길은 삼청로보다 더 아기자기한 가게들과 방문객들에게 소문난 작은 식당들이 많다. 식혜와 찐빵을 파는 떡집, 떡볶이, 돈까스, 만두, 닭꼬치구이 등이 유명하다. 이처럼 삼청동은 뒷골목들과 이웃 북촌까지 영향을 미치며 진화하고 있다.

1 골목과 식당 입구의 야생화 화단이 운치를 더한다. 2 독특한 간판 3 삼청동에서 인사동으로 가는 길. 맛집이 모여 있어 젊은이들이 특히 많다.

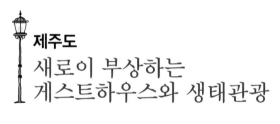

제주도
새로이 부상하는
게스트하우스와 생태관광

게스트하우스 천국이 되어간다

영국, 오스트레일리아, 뉴질랜드 등 영연방 국가들을 여행하다 보면 B&B라는 간판을 자주 보게 된다. 방bed과 아침breakfast을 제공하는 숙소라는 뜻이다. 대개는 배낭여행객들을 맞이하는 저렴한 숙박업소를 뜻한다. 게다가 아침까지 제공하니 여비가 넉넉지 않은 여행객들에게는 더할 나위 없이 좋은 숙소다.

그러나 B&B가 값싼 곳만 있는 것은 아니다. 실내가 우아하고 화려하면서 좀 더 고급스러운 아침을 제공하는 곳도 있다. 어떤 곳은 아침 식사를 집 주인과 함께 할 수도 있는데 물론 값은 더 올라간다. 이것은 여행객들이 보통 관광지 문화를 직접 체험하고 지역주민들과 대화를 하고 싶어 한다는 점에서 착안했다. 그리고 여행객들이 호텔처럼 규격화된 숙소보다 보통 사람들이 사는 곳이나 살았던 곳을 선호하는 경우가 적지 않다는 점도 작용했다.

1~3 제주도 게스트하우스들

우리나라에는 B&B와 같은 숙소는 없지만 유사한 형태인 게스트하우스guest house가 인기를 얻고 있다. 일반적으로 게스트하우스는 기관이나 학교 등에서 외부 손님, 특히 외국에서 온 방문객들이 묵을 수 있도록 준비한 곳이다. 그래서 대학교, 연구소, 정부기관이나 기업들이 게스트하우스를 운영하기도 한다. 그러나 요즘의 게스트하우스는 기존의 의미와는 완전히 다르다. 지역마다 특색 있는 숙소가 필요해지면서, 대안으로 게스트하우스가 등장한 것이다. 한국적인 정서로 손님을 정성스럽게 맞고, 가족처럼 편안하게 머물다 갈 수 있는 숙소로 서울 북촌이나 경주 민박들이 해당한다. 즉, 게스트하우스는 저렴하면서 한국 문화를 잘 알 수 있는 숙소 형태라고 보면 된다.

제주도 게스트하우스는 저렴하다는 점에서 기존 게스트하우스와 비슷하지만 외관 디자인이 다양하고, 분위기가 독특하다. 여행객들에게 인기 있는 곳들은 몇 가지 특성이 있다. 같은 집에 머무는 여행객들이 한 방에서 자거나, 간단한 음식을 같이 해먹는 등 초면이어도 함께 어울릴 수 있다. 주인이나 운영자와 여행객들이 늘 자유롭게 대화할 수 있다. 생김새가 예쁘거나 특이한 곳도 있고, 동호인들이 공동 작업장으로 쓰면서 숙소로 활용하는 경우도 있다. 제주도 자연이 좋아 무작정 내려온 젊은 부부들이 운영하는 곳이 있는가 하면 예술가의 집도 있다. 게스트하우스 운영자들 대부분은 자연을 존중하고 자연과 가까이 지내려고 노력한다. 모두 자연과 어울리는 집들이라고 할 수 있다. 그러니 옛집을 사서 내부만 리모델링하거나 색만 다시 칠해 쓰기도 한다. 집의 색이나 내부 형태에서 주인의 취향이나 개성이 드러나게 마련이다.

이처럼 제주도에는 다양하고 독특한 게스트하우스들이 만들어져 확산되고 있다. 분명한 것은 대안 숙소로써 일정한 성공을 거두고 있고, 소수 인원으로 여행하는 사람들에게는 꽤 지명도가 높다. 적은 경비로 제주도를 여행하고 싶다면, 게스트하우스를 옮겨가면서 여행해보라 권하고 싶다. 제주도 게스트하우스가 고장의 특성을 잘 담고 있기 때문이다.

1 게스트하우스 앞마당 2 어느 게스트하우스의 아침 메뉴 3 아기자기한 게스트하우스 내부

독립 마을축제가 있는 제주도 선흘리

제주도 선흘리 동백숲에는 순채가 자라는 먼물깍 같은 습지가 여러 개 있고, 동산은 습지보호지역이자 람사르습지로 지정되었다. 동백나무를 비롯한 구실잣밤나무, 보리수나무, 종가시나무, 참나무 등 난대성 상록활엽수가 울창한 곶자왈은 과거에는 화목용 숲이었는데 30여 년 전부터 제주도 기념물 10호로 지정·관리하고 있다.

동백숲은 본디 천연 숲이었으나 생활에 필요한 목재를 생산하면서 주변 마을들이 관리하기 시작했다. 그런데 어느 날 천연 기념물로 지정되어 채취도 어렵고 활용도 할 수 없어 애물단지가 되었다.

10년 전, 제주도 시민단체들과 마을 지도자들이 이런 문제를 해결해보려는 노력으로 우리나라 최초로 생태관광을 시도했으나 별

선흘리 동백숲

반 성과가 없다가 최근 '녹색관광'과 '대안관광'이 뜨면서 다시 가능성을 발견했다. 이전의 노력이 비록 성공을 거두지는 못했지만 마을 홍보가 된 셈이어서 그 시간들이 헛되지 않았다.

마을과 동백숲에 대한 홍보는 알게 모르게 귀촌하려는 사람들에게 유인 효과를 주어 다른 마을보다 선흘리에 살고 싶다는 사람들이 많다. 특히 전문지식을 가진 젊은이들이 많고, 이들은 마을 일에 적극적으로 참여한다. 귀촌인들은 작은 카페도 하고, 아이들에게 미술치료도 하며, 빵과 과자를 구워 팔기도 한다. 이제 선흘리에는 빈집이 없다. 분교가 되었던 초등학교도 본교로 되돌리는 데 힘쓸 정도로 마을이 살아나고 있다.

지난해 처음 개최된 마을축제는 원주민과 다른 고장에서 이주해 온 외지인들 간의 갈등 해소의 장이었다. 정부 지원 없이 1천100만 원 정도 예산을 갖고 자체 아이디어와 인력으로 준비한 보람과 자부심도 컸다. 마을사람들이 마을을 위해 연 축제인 만큼 별다른 수익을 기대하지는 않았다. 축제에서 글을 쓰고 편집하는 일들은 다 외지인들의 몫이었고, 이들이 진행한 체험프로그램들이 축제의 매력요소였다는 것을 주민들도 알아보았다. 행사 위주 축제에 식상했던 방문객들은 오히려 이런 순수한 마을 잔치에 더 매료되었다. 그러니 외지인들과의 융화에 성공한 마을이라는 평가도 어울린다.

1 동백숲도 곶자왈의 일부다. 2 습지인 먼물깍의 순채 3 선흘리 자연습지들은 풍광이 멋지다.

마을을 찾은 사람들은 마을회관 1층과 노인 회관에 마련된 숙소에서 잘 수 있다. 축제 즈음 도배를 하고 침구도 새로 마련해 체류형 여행의 기본 인프라를 갖추었다. 앞으로 마을 자금으로 민박사업도 추진할 계획이다. 제주도 집은 안팎집이 있는데 주로 바깥 집을 리모델링해 활용할 예정이란다. 뿐만 아니라 마을기업이라 할 수 있는 영농조합 도구리 식당을 만들어 여행객에게 식사를 제공했다. 마을에서 된장, 고추장 담그는 경험이 많은 분을 사장으로 추대했으며, 음식 외에도 된장, 고추장, 간장, 엿 등을 만들어서 판매할 계획이다. '도구리'는 순 제주도 말로, 예전에 제주에서 사용했던 나무 쟁반을 말한다. 또한 1년간 마을 주민 해설사를 양성하기 위해 노력해 전문 해설사 두 명을 양성하기도 했다.

생태여행을 추진하던 이들은 여행사를 창립했다. 축제를 거치면서 생태관광에 대해서도 일종의 확신이 섰다고 한다. 지역 여행사의 존재는 생태여행에서 특별한 기능을 갖는다. 중앙 여행사와 달리 여행 수익 대부분을 지역에 남게 하는 투명한 사업 진행으로 여행의 두 주체가 신뢰관계를 형성한다. 또 여행사는 마을과 도, 중앙 정부 등 행정기관과의 소통을 담당하고 새로운 정보도 찾아 마을에 전달해준다. 작은 마을이 관광으로 수익을 올리자면 지역 기업이 필수적인 것은 이런 이유에서다. 수익이 발생하자 동백 동산에 대한 생각도 많이 달라졌다. 애물단지가 복덩이가 된 것이다.

1 도구리 식당 장독대 2 선흘리 빵집에서 만든 쿠키 3 하늘도 가릴 만큼 울창한 숲 4 동백숲을 찾은 생태관광객들

진안
전통 취락구조의
원(原) 마을 살리기

북에는 개마고원이 있고, 남에는 진안고원이 있다고 할 정도로 진안은 산간지역이다. 백두대간과 호남, 금남 두 정맥 사이에 위치한 고산 평지로, 대부분 해발 400미터가 넘으며, 어떤 마을은 1천 미터가 넘기도 한다. 두 산줄기를 잇는 금남호남정맥은 백두대간 장안산에서 북으로 호남정맥과 남으로 금남정맥이 분지되는 주화산까지 이어진다. 이 정맥은 진안의 진산인 마이산을 지나며, 금강과 섬진강 물줄기도 이곳에서 발원한다. "북류하는 금강, 남류하는 섬진강"이라는 말처럼 높은 산이 만들어낸 맑은 강이 있는 천혜의 자연환경을 가진 고장이다.

한자어의 진안鎭安은 '안정되게 눌러 놓는다'는 의미다. 본디 백제 한 지방으로 난진아 현難珍阿縣이었으나 삼국통일 후 진안 현으로 이름이 바뀌었다. 짐작컨대 이 일대는 백제와 신라의 치열한 공방전이 있었던 곳으로, 이곳 사정에 밝은 신라는 지역인들의 거센 저

1 원연장 마을 입구의 돌탑과 정자 2 돌탑 너머로 보이는 마을 전경

1

2

항과 나라를 뒤집을 만한 인물의 출현이 두려워 이름까지 바꾸었을 것이다.

지금 진안은 '마을 만들기 사업'을 적극적으로 추진하고 있다. 관련 전문가들이 군 공무원으로 일하면서 적절한 지원과 체계적인 장려책으로 진안을 살 만한 농촌으로 만드는 변화를 일으키고 있다. 지역 여건에도 맞고 멀리 미래를 내다본 정책이다.

진안 원연장 마을은 연장저수지와 인접한 양지 마을이고 그 형상이 마치 연꽃과 같다 해 지어진 이름이다. 옆 산에 꽃잔디가 가득히 자라고 있어 '꽃잔디 마을'로도 불린다. 마을은 말끔하게 정리되었고, 쓰레기 적치장이 있던 자리에는 조그마한 마을 박물관을 만들었다. 주민이 만든 돌탑도 있으며, 마을 옆으로 흐르는 하천도 깨끗하다.

마을 식당 한쪽에는 쇠비름, 망초, 달맞이꽃 등 마른 산나물들과 매실, 복분자 추출 원액이 담긴 병들이 전시되어 있다. 동네 할머니들이 시간이 날 때마다 뜯어말린 것이다. 포장지에는 생산자 표시제로 마을 할머니들의 이름이 적혀 있다. 마을 간사가 깨끗이 말려서 포장해 판매한 다음 가격의 7퍼센트를 제외하고 할머니들에게 건넨다고 한다. 5월에 열리는 꽃잔디 축제 때도 판매하고 방문객들에게도 파니 수익이 꽤 짭짤하다고 한다. 마을 이장인 50대 여성은

1 쓰레기장을 정리한 자리에 세운 마을 박물관 2 방문객들에게 판매하는 마른 산나물 포장지

이런 방식으로 마을에 활기 불어넣으며 마을을 예쁘고 살기 좋게 만들어 가고 있다.

조경도시디자인학과 박채철 교수의 연구에 따르면 한국의 전통 농촌은 전방에 논이 있고, 마을 입구에는 정자나무나 비보숲, 돌탑, 장승, 솟대 등이 있다. 원연장 마을이 딱 이러했다. 부귀산이 마을 뒤편과 좌우를 감싸고 앞으로는 멀리 앞산을 조망할 수 있으며 남쪽 들판에는 비보숲이 있다. 비보숲은 100평 정도로 느티나무, 팽나무, 개서어나무, 상수리나무 등 활엽수 숲이다. 들판과 같은 빈 공간을 숲으로 채워 심리적으로 안정을 얻고, 마을의 안녕을 비는 장소다.

원연장 마을뿐만 아니라 반용 마을, 포동 마을도 옛 마을을 유지하면서 전통적인 취락구조를 잘 이어가는 진안의 원原 마을들이다.

1 포동 마을 전경 2 원연장 마을 앞 비보숲

수원

물의 도시,
지구촌 환경도시로 거듭나다

수원천은 2.72킬로미터 길이의 작은 하천으로 수원 도심을 남북으로 흐른다. 수원에 오래 산 사람들은 수원천을 시꺼멓고, 냄새 나는 죽은 하천으로 기억한다. 그래서인지 1994년, 수원시는 교통난을 줄이고 상권을 활성화하기 위해 하천을 복개하기로 했다. 보기 불편한 것을 가리자는 의도였으며, 수원 화성 남쪽 약 800미터 구간이 복개되었다.

이어서 상류를 더 복개하려고 하자 수원에 있는 15개 시민단체들이 '수원천 되살리기 시민운동본부'를 결성하고, '수원천 복개 반대 및 남수문 복원 촉구' 운동을 전개했다. 결국 복개 공사는 철회되었다. 하천 살리기 운동에 힘입어 1996년부터는 콘크리트를 걷어내고 물이 굽이굽이 흐르게 했으며, 식물들이 자라는 자연형 하천으로 만들어나갔다.

수원천 복원은 시 정책의 상징이자 시민들의 자랑거리가 되었

1 복원된 수원천 **2** 수원천에는 습지식물이 무성하다. **3** 되살아난 하천에 오리 가족들이 자리를 잡았다.

229

다. 하천 복개에 찬성했던 지역주민들도 새롭게 단장한 하천에 만족한다. 아울러 경기도를 비롯한 전국 '하천 살리기 운동'에도 힘을 실어 주었다. 이런 과정으로 인해 요즈음 생태하천복원의 개념이 최대한 예전 상태로 물줄기를 되돌려 놓아 생물이 다시 찾게 만들고, 복원 과정에 시민들이 주체가 되어 함께 만들어가는 것을 의미하고 있다.

처음 복개된 곳과 시민단체의 반대 운동으로 복개되지 않은 곳 중간에는 1922년 대홍수로 사라진 남수문을 90년 만에 복원해 하천

남수문. 성벽은 수원
화성과 연결된다.

복원 대미를 장식했다. 남수문이 완성되니 새로 단장한 북수문 화홍문과 멋진 조화를 이루었다. 두 수문은 약 500미터 떨어져 있으며, 이 500미터 구간이 유네스코 세계유산으로 지정된 수원화성과 함께 수원의 새로운 자랑거리로 뜨고 있다. 이 구간은 화성 안쪽에 있어 하천 양쪽 차도와 보도에서 잘 바라볼 수 있다. 북수문에서 남수문 구간의 서편에는 수원화성박물관과 옛 상가거리가 있어 옛 모습을 되찾은 하천과도 어울린다. 자연과 문화의 거리가 된 것이다. 남수문 바로 남쪽에는 수원 전통 재래시장인 지동시장이 있어 생태하천이 상가 활성화에도 도움을 줄 전망이다.

최근 수원시는 기후변화대응과라는 새로운 부서를 만들었고, 전 세계 84개국 1천220여 개 지방자치단체가 가입한 국제환경기구 자치단체국제환경협의회ICLEI 한국사무소를 유치했다. 2013년에는 생태교통축제EcoMobility Festival를 개최하는 등 글로벌 환경수도의 길을 걸어가고 있다. 하천을 살리기 시작한 것이 점차 도시 전체에 활기를 불어넣어 수원시가 세계적인 환경도시로 거듭나는 데 계기를 제공한 셈이다.

1 지동시장 2 수원화성박물관

인천 미래관
최고의 친환경
건물

친환경 건물 미래관은 인천광역시 서구 율도에 있으며, 이곳은 예전에 염전이 많았던 곳이다. 그러던 곳이 지금은 에너지 생산전력생산 단지로 바뀌었다.

포스코파워는 우리나라 최초 민간 발전 기업이다. 과거 경인전기였던 회사로 지금은 여섯 기의 발전시설을 가지고 있다. 현재 발전량으로 경인지역에서 사용되는 전기량 16.1퍼센트를 공급한다니 결코 적은 양이 아니다. 이곳 발전소는 비상상태를 대비하기 위한 기능도 있어 필요시에는 더 발전이 가능하다.

미래관은 포스코파워의 에너지 절약기술, 녹색기술의 총 집합체이며, 국내 최초로 모든 에너지 절약기술을 집약한 건물이다. 단열이나 기밀도 향상 등 패시브 기술과 태양광, 지열 등 액티브 기술 등이 총동원 되었다. 당장은 건축비가 많이 들지만 12년이 지나면 추가 경비가 회수된다고 한다. 단순 수지계산으로는 건물 수명을 최

미래관 전경. 에너지 절약에 최적인 디자인이다.

233

소 50년으로 잡으면 38년간은 이익이 된다. 그러나 에너지 절약에 기여하는 것은 지금부터다. 원리는 간단하다. 현재는 전체 에너지의 30퍼센트 정도만 외부 에너지를 사용하고, 나머지는 태양광, 지열을 활용하면서 내부 열이 밖으로 빠져 나가지 못하도록 하면 되는 것이다.

물론 건물 방향도 매우 중요하다. 채광이나 빛의 투과 거리 등이 실내 온도를 결정하는 요인인 까닭이다. 겨울에는 실내로 햇빛이 많이 들어오는 것이 좋으나 여름에는 지나치게 더울 수가 있어 적절한 차단이 필요하다. 사람이나 컴퓨터, TV 등도 열원으로 보기 때문에 치밀한 계산과 첨단 기술이 필요하다. 이런 기술들을 잘만 활용하면 햇빛만으로도 적정 실내온도를 유지할 수 있는 날이 올 것으로 보인다.

미래관은 삼중창 창호를 사용했다. 유리가 하나면 빛은 많이 투과되지만 단열에는 문제가 발생한다. 하지만 삼중창은 단열은 거의 완벽하나 유리를 하나씩 거치면서 빛의 열량은 줄어든다.

이밖에도 많은 기술을 적용해 세계적 수준에서도 에너지 절약에 가장 우수한 건물로 인증 받았다. 건물 내부도 직원들이 안락하고 창의적으로 일할 수 있도록 설계되었다. 노트북 하나만으로 모든 업무가 가능한 설계도 당연히 에너지를 고려한 것이다.

우리나라는 전력생산량으로만 보면 세계 6위권이다. 놀랍게도 생산량이 너무 빠르게 성장해 지난 10년 동안 거의 두 배가 늘었

1 간이도서실과 직원 휴식
공간 2 미래관 내부

다. 물론 소비가 늘었기 때문인데 단 기간에 이렇게 소비가 늘었다는 게 이해가 안 될 수도 있다. 이 기간에는 모든 선진국들이 에너지 절약을 위해 국가적으로 최선의 노력을 했기 때문이다. 최근 우리나라 전력생산 연성장률은 10퍼센트 가까이 된다. 이런 성장률은 한참 발전하고 있는 개발도상국 수준이며, 독일, 일본 등은 1퍼센트 내외다.

지난 여름에 있었던 전기 공급 파동으로 대혼란이 일어나자 수급 예측 잘못으로 몇 사람들이 문책을 받았다. 정부는 혼란을 방지한다는 이유로 발전량을 더 늘리려고 시도하고 있다. 지금보다 소비를 20퍼센트 정도 줄일 수 있다면 어떤 상황이 벌어질까? 20퍼센트면 새로운 발전소를 건설하거나 화석연료 추가 수입이 필요하지 않을 것이다. 그런데도 발전소 추가 건립의 당위성만 홍보하니 정부의 에너지 절감 노력에 신뢰가 가지 않는다.

전문가들 의견에 따르면 열에너지의 40퍼센트가 전기에너지로 바뀐다. 다시 열을 얻기 위해 전기를 사용하면 결국 연료의 10퍼센트 정도 효율을 갖게 되니 에너지 효율이 상당히 낮은 셈이다. 그러니 난방이나 조명에 쓰는 전기를 아끼고, 단열을 생활화해 에너지를 덜 쓰는 길이 최선이다.

발전을 하는 회사가 에너지 절약에 적극적으로 나서는 것은 적

발전시설

어도 우리나라에서는 칭찬할만한 일이다. 에너지 절약으로 화석연료 수입을 줄이면 나라에 도움이 되고 지구를 위하는 일도 되니 얼마나 좋은가?

장흥
음식자원의 보고,
바다 유기농으로 빛나다

조선시대 지리서 『신증동국여지승람』에서는 장흥을 "옛날에 낙토樂土라 일컬었으며. 백성은 순박하다. 땅이 큰 바다와 임해 삼면이 넓으며, 바다는 아득하다. 두터운 땅에는 얼마나 산이 많은가."라고 적고 있다. 산이 많으니 물이 풍부했을 테고 바다가 넓으니 해산물이 넉넉했으리라 짐작할 수 있다.

옛 토산품 목록을 보면 생강, 옻, 유자, 비자, 치자, 석류, 꿀, 낙지, 농어, 물개, 숭어, 전복, 굴, 오징어, 표고, 송이, 맛, 소금, 우뭇가사리, 참가사리, 은어, 홍합, 미역, 김, 감태, 매산, 황각黃角. 해조류 청각의 일종, 오매烏梅. 덜 익은 매실 열매를 훈증시킨 약재, 죽전竹箭. 대나무로 만든 화살 등 장흥은 자연에서 나는 토산품 종류가 다른 고장보다 훨씬 많다. 산림과 들판, 갯벌과 바위해안 등 지형이 다양해서다. 물개는 이 책 '전라도'편에서 장흥이 유일했다.

장흥은 조선시대 태종 때 도호부都護府였다. 도호부는 당시 1천

정남진 장흥 토요시장 앞으로 예양강이 흐른다.

호 넘는 고장에만 부여된 행정 명이며, 현재 전라남도와 북도 범위 내 33개 구역 가운데 당시 도호부로는 장흥이 유일하다. 장흥 도호부보다 큰 곳은 전주 부府와 나주 목牧뿐이었다.

장흥은 남북으로 긴 고장으로 북쪽은 산악지대이고, 남쪽으로는 바다가 펼쳐졌다. 산에서 만들어진 물은 예양강 같은 하천을 거쳐 바다로 흘러든다. 읍내는 그 중간에 위치한다. 그러니 크게 산, 읍내, 바다 이렇게 세 지역으로 구분된다.

최근 이 세 지역을 대표하는 식재료로 만든 음식이 개발되어 큰 인기를 얻고 있다. 바로 장흥 삼합이다. 삼합은 산간지역에서 생산되는 표고버섯과 중부지역에서 생산되는 한우, 바다산 키조개를 한 접시에 놓고 구워먹는 요리를 말한다. 요즈음 장흥 토요시장에는 전국 삼합 팬들이 구름같이 몰려드니 장흥의 효자 상품이라 할 만하다.

장흥 수문 바지락회무침 마을과 남포 굴 구이 마을, 된장물회로 소문난 회진은 작지만 맛집으로 유명한 해안 마을들이다. 바지락회는 날 바지락 살을 야채와 막걸리 식초를 버무려 먹던 전통 서민 음식이 상품화된 것이다. 지금 수문 식당에서는 위생문제 때문에 살짝 데친 살을 쓴다. 굴 구이 마을에는 굴 구이 단일 요리만 판매한다고 해도 과언이 아닐 정도로 굴구이 식당 일색이다. 굴구이가 유명

1 시장 뒷길에도 장이 선다. 2 장흥 삼합

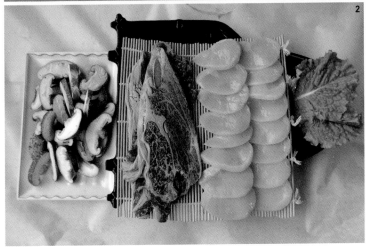

한 것은 이곳 앞 바다에서 생산되는 굴만 사용한다는 점과 맛이 뛰어나다는 점이다. 된장물회는 지금은 육지가 되었지만 한때 섬이었던 이웃 덕도 어촌에서 팔고 남은 잡고기로 만들어 먹었던 방식인데 이제는 유명한 지역음식이 되었다. 물고기 살과 막걸리식초, 적당히 익은 열무김치 그리고 된장이 들어간다. 처음 이 물회는 낡은 양푼에 담겨 나왔고 진한 된장색으로 인해 '개밥'이라는 별명도 붙었다. 아마 어려운 가정에서 먹던 음식으로 추정된다.

김을 양식할 때 염산을 뿌려야 김에 부착하는 다른 식물들이 없어지고 고운 김을 생산할 수 있는데, 공업용 산이 인체에 해로울 수 있어 정부에서는 유기산을 쓰도록 권장한다. 그러나 다른 해양생물에게는 해가 될 수 있어 장흥에서는 이것도 쓰지 않는다. 덕분에 장흥은 낙지를 비롯한 다른 수산생물도 많아지고, 전국 최고의 매생이 생산지가 되었다. 바다의 유기농으로 효과를 보는 셈이다.

1 매생이 생산지 **2** 장흥을 흐르는 내들은 맑고 깨끗하다.

파주
예술문화 도시로
이미지 변신 중

출판 메카 꿈꾸는 파주 출판단지

자유로를 타고 문산, 파주 방향으로 달리다보면 멀리 통일전망대가 보인다. 통일전망대에 조금 못 미쳐 오른쪽으로 파주출판산업단지가 나타난다. 파주출판산업단지는 책을 좋아하는 사람이라면 누구나 꼭 가보고 싶어 하는 곳으로, 반나절이면 걸어서 둘러볼 수 있는 작은 시골 마을 규모다.

정진국이 지은 책 『유럽의 책마을을 가다』 책머리에는 이런 글이 적혀 있다.

"오래된 마을 공동체를 구질구질하게 여기고, 그곳에 살던 사람들까지 쫓아내며, 아파트 지상주의에 눈이 먼 사람들이 지도를 마음대로 바꾸면서, 신도시를 짓고 있다. 또 그런 신도시에 발맞춘 거대한 출판도시도 탄생했다."

파주 책마을은 분명 신도시풍으로 계획된 도시이지만 거대하지

수로 서쪽에서 바라 본 아시아출판문화센터 건물

않다. 그런데도 책마을 출판사 건물들은 크고 견고한 성처럼 잘 지어졌다. 마포나 신촌 뒷골목에 있는 작고 초라한 출판사들과는 대조적이다. 그리고 파주 책마을에는 전통적인 서점이 없다. 영세한 중고서점 서너 곳이 있을 뿐이다.

파주 책마을은 한강 하구 습지 위에 세워졌다. 마을을 조성하면서 습지를 다 없애지 않고 작은 저수지와 수로 형태로 남겨 두었다. 마을은 수로 양편에 건설되었고, 수로 양쪽 마을은 여러 개의 다리로 연결되었다. 책마을 홈페이지에는 '즉 책 만드는 일도 건축과 마찬가지로 힘들여 설계하고, 그 설계가 마음에 안 들면 처음부터 다시 시작한다.'라는 글귀가 있다. 그래서인지 건물 디자인에 신경을 많이 쓴 것이 느껴진다. 건물의 통일성보다는 다양성에 더 가치를 두고 설계한 것으로 보인다. 일부 건물들은 실용성보다는 지나치게 멋을 추구한 듯하다.

책마을에 들어서면 제일 먼저 잘 정리된 거리와 천막서점들이 보인다. 거리를 걷다보면 현대식 카페들도 만날 수 있고, 주변 환경과 어울리는 호텔, 정보센터와 유통센터 건물들이 들어서 있다. 건물 앞에는 야생화 화단이 많고, 투수성을 높인 주차장, 자전거 거치대, 지붕을 녹화한 건물들이 눈에 띈다. 거리 안내판이나 작은 간판들을 보면 공공디자인에 신경을 많이 썼다는 것을 알 수 있다.

---

1 책마을은 주변 환경을 고려해 설계했으며, 일부 건물은 자연친화적으로 건축했다. **2~3** 책마을 건물들은 여러 공공디자인 기법을 적용했다. **4** 화단은 자연스러움을 강조하기 위해 야생화로 꾸몄다. 야생화는 건물이 주는 딱딱함을 완화시켜주는 장치이기도 하다.

　'책마을 따라 걷기' 지도를 보면서 마을에 있는 260여 개 출판사
와 서점 그리고 출판 관련 기업을 찾아 여행 루트를 정할 수 있다.
창비, 돌베개, 동녘, 김영사, 열화당 등 이름만으로도 볼거리가 되는
회사들이 많다. 글을 쓰고 출판 일을 하기에 쾌적한 환경이라는 생
각이 들었지만 지나치게 인공적인 모습이 조금은 아쉬웠다.

　1998년부터 공사가 시작된 책마을은 이제 완성을 눈앞에 두고
있다. 출판도시로 불리는 이곳의 목표는 출판기획, 편집에서부터 인

쇄, 물류, 유통 등에 이르기까지 전 과정을 하나로 묶어내 우리나라 출판문화산업 발전을 이루어 내는 것이다. 홈페이지에는 "인간성의 회복을 위해서 이 도시를 만든다. 그러므로 이 도시는 인간을 위한 공간이어야 한다."라는 문구가 있다. 모든 도시의 운영 목표도 이와 크게 다르지 않다.

1 헌책방 전경 2 한 대형 출판사 서점 내부 3 책 축제 행사가 열리는 서쪽 책마을 골목

평화와 예술의 만남, 임진각 평화누리

임진각 평화누리는 서울에서 60킬로미터 정도 떨어진 자유로 끝에 있는 공원이다. 임진각은 '돌아오지 않는 다리'가 있는 임진강 남쪽 지역에 세워져 있다. 경의선 종착역인 도라산 역과 임진각 철교가 이어져, 임진각은 이제 경기도 북부 최고 관광지역이 되었다. 특히 안보 관광이라는 주제로 외국인들이 많이 찾는다. 평화누리는 임진각 동쪽에 자리 잡은 문화광장이며, 2만5천 명을 수용할 수 있는 대형 야외공연장 '음악의 언덕'과 수상카페 '안녕', 3천여 개의 바람개비와 많은 예술작품이 있는 '바람의 언덕' 등으로 구성되었다.

평화누리는 2005년 '세계평화축전'을 계기로 조성되었지만 다른 문화시설들과는 달리 축전 이후에도 잘 이용되고 있다. 평화누리에 들어서면 평지 공연장이 있으며, 북쪽으로는 생태연못인 어울못, 동북쪽으로는 아주 크지는 않지만 넉넉하고 야트막한 잔디 언덕이 한눈에 들어온다. 언덕에는 대나무로 만든 거인들과 바람개비들이 있고, 다양한 색상의 설치 작품들이 곳곳에 세워져 있다.

연못에서 언덕으로 이어지는 경사면에는 바람개비가 3천여 개나 있어, 바람의 언덕이라 할만하다. 노란 바람개비를 든 유치원생들이 병아리처럼 선생님을 따라가고, 대나무 조각 아래 어머니와 아이들이 앉아 놀고 있는 모습이 너무나 평화로워 분단과 전쟁의

1 생태연못인 어울못과 야외공연장 2 어울못의 수상카페 '안녕'

251

이미지는 찾아볼 수 없다.

품위 있는 작품들이 주변 경관과도 잘 어우러져 평화누리 전체가 하나의 작품같이 보였다. 생태연못은 본디 있었던 작은 수로였고, 식생도 자연성을 충분히 고려한 것 같았다. 연못의 작품들은 습지가 갖는 속성을 많이 고려해 원래부터 그 자리에 있었던 것처럼 보일 정도로 자연스러웠다.

대나무와 철근을 주로 이용하는 조각 설치작가 최평곤의 '통일부르기'는 이 문화지대의 대표 작품으로 모두 네 개의 구부린 사람상으로 구성되었다. 머리와 상반신만 땅 밖으로 나와 있는 상 두 개가 언덕 아래에서부터 시작해 언덕 정상에서는 전신이 다 드러난다. 약간 고개를 숙이거나 움츠린 모습으로 걸어가는 모습이 북으로 향한 사색가의 걸음걸이 또는 우리 모두가 반성하는 모습으로 보인다. 그리고 연못 안에 철제 건물을 세운 것은 자연과 인위적인 구조물의 공생을 의미하는 듯하다.

어느 도시나 도시 이름과 함께 연상되는 이미지가 있다. 파주는 접경, 분단, 불안, 황량 등 결코 긍정적인 단어들이 아니었다. 그러나 이제 파주는 출판도시, 헤이리, 평화누리 등 예술, 문화적으로 이미지 변신 중이다. 그중 평화누리는 최고의 데이트 장소, 베스트 포토 존Best Photo Zone, 좋은 가족 나들이 장소로 인식되고 있다.

평화누리의 대표적인 작품 '통일부르기'

파주가 누리고 있는 헤이리 효과

　헤이리 마을은 파주시 탄현면 한강변에 있다. 자유로를 따라 북쪽으로 달리다보면 출판도시가 보이고 약 10분 정도 더 달리면 헤이리로 진입하는 길이 나온다. 헤이리는 헤이 마을이라는 뜻이 아니라 지역 전래 농요인 '헤이리 소리'에서 유래되었다. 그런데 방문객들 대부분은 헤이리의 '리'를 마을 '리里'로 오인해 이름이 특이하다고 생각한다.

마을은 야트막한 동산으로 둘러싸인 구릉지에 자리 잡았고, 동쪽 노을동산이 가장 높다. 작은 하천이 마을 가운데를 동에서 서로 흘러 한강으로 들어간다. 하천과 인접한 중앙부에는 갈대가 자라는 습지가 있다. 뒷산인 노을동산에는 소나무, 참나무가 숲을 이룬다.

헤이리마을에는 독특한 건물들이 많다.

1998년에 처음 마을이 조성되었으며, 작가, 출판인, 미술인, 음악가, 영화인, 방송인, 건축가 등 문화예술인 400여 명이 회원으로 참여했다. 회원들의 구성을 보면 미술인이 약 20퍼센트로 가장 많고 다음이 의외로 문화 비즈니스 분야로 15퍼센트 가까이 된다. 유명 방송인과 배우, 작가와 음악가도 적지 않다. 이렇게 헤이리 마을은 여러 분야 문화인들의 감성과 자연 풍광이 조화를 이룬 종합 작품으로 평가받고 있으며 주민들도 헤이리가 예술마을로 불리기를 기대한다.

마을은 거주 공간과 근린 공간으로 구분되며, 근린 공간에는 주민들의 끼를 엿볼 수 있는 별난 사업장들, 즉 미술관, 박물관, 갤러리 등 문화예술 공간이 즐비하다. 상상력으로 지은 건축물 하나하나가 제각각 도드라지지만 여러 건물들이 모이니 '헤이리다움'이 생겼다. 노출 콘크리트와 철제 건물들이 헤이리다운 건축의 주된 매력이이라 할 수 있다.

그런데 건물이 늘어나면서 새로운 문제가 생겼다. 하천은 어느새 무생물 상태가 되었고, 숲속에서 지저귀는 새 종류도 줄어든 것이다. 일부에서는 건물들이 다 들어설 경우 한여름에 열섬 현상이 생길 거라는 우려도 나왔다. 그래서 주민들은 나무를 더 늘리고 하천 생물들을 살리는 생태마을을 만들고자 노력하기 시작했으며, 첫

1 주변 숲과 건물 앞 정원들이 잘 어울린다. 2 철제 건물은 건축 자재의 기본 성격을 바꾸지 않고 건물을 지어야 한다는 원칙을 보여준다. 3 미술관 내부 4 외부인이 가장 많이 지나다니는 마을 중심부

삽을 뜬 지 15년이 된 지금 헤이리 마을은 생태적으로도 문화적으로도 지명도 높은 마을이 되었다.

헤이리는 경기도 지정 최초의 문화마을이고 주말이면 만 명이 넘는 방문객이 찾는 각광받는 관광명소다. 또한 우리나라뿐 아니라 세계적으로 유명한 문화마을이 되었다. 일부 건축물은 한국건축문화대상을 수상하기도 했고, 어떤 정원은 한국에서 가장 아름다운 정원으로 뽑히기도 했다. 주민들이 자발적으로 조성한 마을로는 국내에서 가장 성공적인 사례가 된 것이다.

주민들은 헤이리 마을이 사회, 경제, 생태적으로 지속가능한 마을이 되길 바라고 있다. 이후에 생기는 마을들이 그대로 학습할 것이기 때문이다.

1 헤이리마을 곳곳의 공터나 광장에서는 크고 작은 모임들이 열린다.
2 마을 생태공간 중 하나인 갈대 연못

군산
문화거리
이미지를 찾다

지난 봄 군산 시내 월명공원 주변에서 특이한 골목을 발견했다. 골목입구에 차를 대니 '군산 문화창작공간 여인숙'이라는 독특한 간판이 눈에 들어왔다. 가까이 가보니 '旅人宿'이 아니고 '與隣熟여럿이 모여 뜻을 이루다'이었다. 예전에 '상봉여인숙'이었던 이층 건물의 외형은 그대로 두고 기능만 완전히 바꿔 2011년 3월에 문을 열었다고 한다. 일층은 갤러리와 커뮤니티 공간, 사무실, 이층에는 작업실과 숙소를 배치했다.

여인숙은 전북과 군산 지역 미술작가를 중심으로 기획, 운영되며 지역 특성과 상호 교류를 추구한다. 전북과 군산의 정체성을 찾아 지역 미술과 문화 창작 공간을 만드는 것이 일차 목표이고, 아울러 여인숙이 들어선 골목과 같은 군산 근대문화 유산을 보전하고 복원하는 사업을 전개하고 있다.

몇 년 전 한 일간지에 '세계 도시는 변신 중, 문화가 도시를 먹여

군산에서 문화적 실험이 진행되고 있는 골목 입구의 여인숙

살린다.'라는 특집 기사가 난 적이 있다. 이처럼 문화자산으로 고부가가치를 창출하는 경제활동을 컬처노믹스culturenomics라고 한다. 문화 거리는 기본적으로 두 가지 의미를 가진다. 도시 문화를 삶의 흔적으로 보존하려는 것과 기존 문화에 새로운 의미를 부여해 지역의 자산 가치를 높이려는 것이다. 그러다 보면 문화를 보존하면서 치러야 하는 불편함에 대한 보상과 자발적인 보전 노력을 촉구하는 효과를 갖게 된다.

서울 북촌 거리 골목에는 오가는 사람들이 많아졌고 외국들이 눈에 띄게 늘었다. 골목 입구에 있는 집들은 새 단장을 마친지 오래고, 한옥 동네는 활기가 넘친다. 집값도 몇 년 사이 여러 배가 올랐다. 인천 소래시장은 시흥 월곶과 갯골을 사이에 두고 마주하고 있다. 소래시장의 번창함을 보고 인접한 월곶에 현대 시설을 갖춘 어시장을 만들었으나 소래시장과 경쟁이 되지 않았다. 문화적인 요소를 고려하지 않은 개발이기 때문이다.

브라질 꾸리치바 시에서는 보존해야 할 오래된 건물을 지정해 내부 구조 변경은 하되 건물 자체는 훼손하지 못하도록 법으로 규정하고 있다. 전통적인 경관을 유지해 도시의 문화적 가치를 보전하겠다는 전략이다. 물론 시는 건물주에게 적절한 보조금을 지불한다.

지극히 평범해 보이는 문화라도 누가 어떻게 기획, 디자인하고 실행을 주도하느냐에 따라 가치가 크게 달라질 수 있다. 반면 대단한 문화라 할지라도 정책결정자들이 가치를 인정하지 않으면 존재 자체가 흔적도 없이 폐기되기도 한다. 후자는 우리나라 곳곳에서 흔히 목격할 수 있지만 전자의 성공 사례는 드물다. 전자가 더 필요한 이유는 특별할 것 없는 군산 월명동 같은 오래된 뒷골목에서 도시민들 삶의 형태가 처음 그대로 남아 있는 경우가 더 많기 때문이다.

이런 곳은 지역 개발과정에서 쉽게 사라지고는 한다. 그러나 대

1 야채가게는 아기자기하지만 기능적으로 부합되는지는 확인이 필요하다.
2 밝고 깔끔한 골목은 오가는 이들에게 긍정적인 느낌을 준다.

부분 서민들이 공동체를 이루며 살고 있어 잘 기획된다면 여러 사람이 혜택을 볼 수 있다. 이런 문화 활동은 골목, 공단, 시장 등 여러 곳에서 실험적으로 진행되고 있다. 문화를 창작하는 공간이 중심이 되어 예술실험센터나 예술창작센터, 문화공장이라는 이름을 갖기도 한다.

여인숙이 들어서 있는 골목 담벼락 그림과, 이발소, 야채가게, 카페 모두 디자인이 독특하고 재미있다. 골목이 짧아 여인숙 주변 거리의 경제성은 짐작하기 어렵고, 지역 주민들에게 어떤 긍정적인 영향을 끼치고 있는지도 확인할 길이 없지만 여인숙의 새로운 실험이 가고자 하는 방향은 확실하게 알 수 있다.